O MELHOR DE
Cartola

Melodias e letras cifradas para guitarra, violão e teclados

Nº Cat.: 261-A

Irmãos Vitale Editores Ltda.
vitale.com.br
Rua Raposo Tavares, 85 São Paulo SP
CEP: 04704-110 editora@vitale.com.br Tel.: 11 5081-9499

© Copyright 1998 by Irmãos Vitale Editores Ltda. - São Paulo - Rio de Janeiro - Brasil.
Todos os direitos autorais reservados para todos os países. *All rights reserved.*

Dados Internacionais de Catalogação na Publicação (CIP)
(Câmara Brasileira do Livro, SP, Brasil)

Cartola
    O melhor de Cartola : melodias e letras
cifradas para violão, piano e teclados.
São Paulo : Irmãos Vitale, 1998

    1 . Piano - Música 2 . Teclado - Música
3. Violão - Música I. Título.

ISBN nº 85-7407-039-4
ISBN nº 978-85-7407-039-1

98-4213   CDD-785.8

Índices para catálogo sitemático:
1. Instrumentos musicais : Melodias e cifras :
    Música   785.3

Créditos

Editoração Musical   *Ulisses de Castro*

Dados Biográficos   *Roberto M. Moura*

Transcrição das músicas   *Luiz Alfredo*

Revisão musical   *Claudio Hodnik*

Organização de fotolitos   *Ubirajara Carbone de Mattos*

Capa   *Criativa*

Fotos   *Ivan Klingen*

Projeto gráfico   *Marcia Fialho*

Gerência artística   *José Mendes Amaral*

Produção executiva   *Fernando Vitale*

Índice

Prefácio	5
Dados Biográficos	7

Músicas:

A cor da esperança	23
Acontece	26
Alvorada	28
Amor proibido	30
As rosas não falam	33
Disfarça e chora	36
Divina Dama	38
Festa da vinda	41
Ensaboa mulata	44
Minha	46
O mundo é um moinho	49
O inverno do meu tempo	52
O Sol Nascerá	54
Peito vazio	56
Preconceito	58
Quem me vê sorrindo	61
Sei chorar	64
Sim	67
Tive sim	70
Verde que te quero rosa	73

Faz sentido. Cartola era mesmo tão refinado que suas músicas deviam repousar agrupadas assim, em forma de fusas e colcheias. Se é que repousam: afinal, Cartola é tão ou mais executado e estudado hoje do que era quando ainda não tinha deixado definitivamente as suas Mangueira e Zica. Há um outro verbo acima de conjugação também imprecisa: onde se lê deviam, leia-se devíamos. Nós é que ficamos devendo isso a ele. Suas músicas não devem nada a ninguém, como bem o souberam Villa-Lobos e Noel Rosa, para citar apenas dois dos seus mais extremados admiradores.

Neste O melhor de Cartola estão, de fato, algumas das principais criações do autor de As rosas não falam, que faria 90 anos neste outubro de 98. Estão músicas de seus primeiros tempos de compositor, como Divina dama (1933). Músicas que evocam a Mangueira e sambas que justificam os sambas que a eles se referiram, incluindo Quem me vê sorrindo (oficialmente datada de 1940), O sol nascerá (1964) e o lundu Ensaboa (sem data). E, naturalmente, as canções da maduridade, imbatíveis na forma e na densidade poética, como O mundo é um moinho, Alvorada e Inverno do meu tempo.

Difícil limitar o universo deste songbook, em tão boa hora publicado pela Vitale. Claro que dezenas de aprendizes de violão, do morro da Mangueira e de centenas de outros morros espalhados pelo Brasil, vão se deliciar com o acesso às harmonias originais do divino mestre. Mas músicos de sólida formação, maestros e cultores de outros gêneros, como o jazz, são também eles apaixonados por Cartola. De Jacques Morelembaum a Wagner Tiso, de Paulo Moura a Márcio Mallard, Cartola é uma espécie de unanimidade - como já era para Villa-Lobos, Pixinguinha e Radamés. Em suma: que brasileiro, que goste de música, será indiferente a este lançamento?

Eu disse brasileiro? Pois disse-o mal. Se a obra de Cartola não foi ainda internacionalizada a contento - a culpa é nossa. Gravadoras, editoras, entidades culturais federais, estaduais, municipais e privadas - todos temos falhado. Temos que informar Cartola ao mundo, para que ele seja estudado, visitado, tema de teses e assunto de doutorado. Cartola deve ser visto como Ouro Preto, Olinda. É patrimônio da humanidade.

Roberto M. Moura é jornalista, mestre em Comunicação e Cultura pela ECO/UFRJ e autor de Carnaval - Da Redentora à Praça do Apocalipse, MPB - Tesoro artistico y divisa *e co-autor de* Brasil Musical

Cartola

A arte de transformar dificuldade em flor

"Cartola não existiu, foi um sonho que a gente teve."
(Nelson Sargento)

Músico requintado, melodista sutil, poeta dos mais inspirados. Cartola era plural, não era qualquer cabeça. Nascido em 1908, no Catete, teria 90 anos hoje, se estivesse ainda ao lado de Zica, na casa acolhedora da Rua Visconde de Niterói, perto da Mangueira que ajudou a fundar. Cartola chegou à Mangueira aos 11 anos. Chamava-se, na verdade Angenor de Oliveira (por um erro de revisão do escrivão; seu pai queria Agenor) e antes morou em Laranjeiras - e foi das reminiscências de lá que tirou o verde e rosa com que pintou a escola fundada em 30 de abril de 1929.

Era de Cartola o primeiro samba com que a Mangueira desfilou. Composto em 1928, *Chega de demanda* permaneceu inédito até 1974, quando foi incluído no álbum *História das escolas de samba: Mangueira* (Discos Marcus Pereira). Até 1931, o compositor era de consumo doméstico. Ninguém o conhecia fora do morro e da escola. Nesse ano, porém, o cantor Mário Reis esteve por lá e acabou comprando os direitos de *Que infeliz sorte*, que não ficou bem em sua voz e acabou sendo lançado por Francisco Alves.

O Rei da Voz gostava dessa prática - entrar de parceiro da criação alheia, como ocorreu, além de Cartola, com os autores Ismael Silva, Nilton Bastos e Noel Rosa) - e acabou negociando com o mangueirense também os direitos de *Divina dama, Qual foi o mal que eu te fiz* e *Não faz, amor*, gravados na Odeon em 1933. Com um detalhe: Francisco Alves comprou os direitos, mas Cartola manteve a autoria.

Nesse mesmo ano, outra composição de Cartola chegava ao disco: Carmen Miranda gravou *Tenho um novo amor*. E, logo depois, seria a vez de Sílvio Caldas tornar-se seu parceiro e incorporar *Na Floresta* ao seu repertório. Nesse período, Cartola fundou um trio vocal e instrumental com Oliveira da Cuíca e Wilson Batista. Apesar de algumas apresentações locais e de ter feito um show em Barra do Piraí, que na época era longuíssima, o trio teve vida curta.

Em 1936, a Mangueira desfilou com uma parceria de Cartola, Carlos Cachaça e Zé da Zilda (*Não quero mais*) e foi premiada. No ano seguinte, Aracy de Almeida gravou o samba na RCA Victor. Regravado em 1973, por Paulinho da Viola, com o nome *Não quero mais amar a ninguém*, o samba tem um verso pelo qual o poeta Manuel Bandeira era apaixonado: "semente de amor sei que sou desde nascença". Bandeira considerava-o "um alexandrino perfeito."

Quando o maestro Leopold Stokowski visitou o Brasil, em 1940, alguns músicos, chorões e sambistas foram convidados a fazer umas gravações a bordo do navio Uruguai. O maestro queria estudar os expoentes da cultura popular brasileira e incumbiu Villa-Lobos de selecionar os nomes. Ao lado de Pixinguinha, Donga e João da Baiana, Cartola também esteve no navio, onde gravou *Quem me vê sorrindo* (parceria com Carlos Cachaça), mais tarde incluída num dos dois álbuns lançados pela Columbia no mercado americano.

A esta altura, o rádio já não era estranho a Cartola, que se apresentava em diversas emissoras, ao lado de outros sambistas. Com Paulo da Portela, em 41, ele criou o programa *A voz do morro*, na Rádio Cruzeiro do Sul. E passou a fazer parte do coro da Columbia, participando dos vocais das gravações de Aracy Cortes, Moreira da Silva e outros intérpretes.

No ano seguinte, ao lado de Paulo da Portela e Heitor dos Prazeres, fez parte do Grupo Carioca, realizando apresentações na Rádio Cosmos, de São Paulo, durante um mês. Em cinco dias da semana, eles se exibiam individualmente, cada vez num bairro paulistano. Foi exatamente com o fim do trio que a carreira de Cartola sofreu um hiato ainda não suficientemente explicado. Teve meningite, a primeira mulher morreu. Houve quem acreditasse que ele tinha morrido, enquanto outros decretavam que a bebida e uma desenfreada paixão por uma nova mulher tinham acabado com a sua carreira. Compositores saudosistas chegaram a fazer sambas sobre ele mas, em 1948, a Mangueira sagrou-se campeã com mais uma parceria Cartola/Carlos Cachaça: *Vale do São Francisco*.

Para piorar as coisas, logo em seguida seu nariz começou a apresentar problemas que só terminaram depois de uma cirurgia plástica realizada em 64, na Policlínica Geral do Rio de Janeiro, chefiada pelo cirurgião Vilmar Ribeiro Soares. O nariz deformara-se em função de uma rosácea (rinofima é seu nome científico) e a operação consistiu na retirada de todo o tecido hipertrofiado (em forma de couve-flor) e sua substituição por um enxerto retirado do pescoço do próprio paciente.

Qualquer cirurgia, como é óbvio, tem sempre o período pós-operatório. Cartola já saiu da mesa perguntando se podia fumar. O médico não proibiu, mas advertiu que, num certo prazo, a cachaça estava vetada. Além disso, era preciso fazer uma revisão, em 15 dias. Tomar certos cuidados, fazer aplicações. Mas, Cartola só foi encontrar Vilmar anos mais tarde, casualmente, caminhando na rua. O médico olhou o nariz escuro e feio e lamentou: "você é uma péssima propaganda para a minha clínica; volta lá, para a gente consertar isso". Palavras vãs. Cartola não voltou - e ninguém mais se meteu com o seu nariz.

Foi já no final dos anos 50 que o nome de Cartola emergiu das sombras do esquecimento - e emergiu de modo fulgurante, gerando um reconhecimento de outros artistas e da crítica que o acompanharia até a morte. Cartola estava lavando carros numa garagem de Ipanema quando o cronista Sergio Porto, o Stanislaw Ponte Preta, deu de cara com ele. À noite, Cartola era vigia. Uma rotina que em nada condizia com o seu apelido, muito menos com a expressão que costumava antecedê-lo: divino.

Sergio Porto conseguiu-lhe um emprego no jornal Diário Carioca e levou-o para cantar na Rádio Mayrink Veiga. De volta à Mangueira, em 61 já vivia com a Dona Zica, Eusébia Silva do Nascimento, e sua casa convertera-se num ponto de encontro dos melhores sambistas cariocas. Nessa época, Guilherme Romano empregou-o na Cofap (quando o órgão foi extinto, o compositor passou a integrar os quadros do Ministério da Indústria e Comércio, como guarda). E, justo no ano que marca o início do período das trevas na vida nacional, 1964, Cartola engrena a sua redenção (não fosse por ele, talvez se pudesse dizer que 1964 é um ano que nem devia ter começado).

Na Rua da Carioca, nasce o Zicartola, um restaurante musical que aproveitava com muito pragmatismo os talentos do casal. Zica cuidava da cozinha. Cartola empunhava o violão e recebia os principais criadores dos morros cariocas. A fórmula deu tão certo que os jovens de classe média engajados no CPC (Centro Popular de Cultura) da UNE também passaram a frequentar o espaço - o que propiciou o surgimento de parcerias interessantes, entre autores de origens diferentes como Carlos Lyra, Zé Keti, Sergio Ricardo, Elton Medeiros e outros.

Há quem acredite que Nara Leão fez a ponte entre os autores de classes diferentes, desde que se tornou a estrela do espetáculo *Opinião* (Nara, Zé Keti e João do Valle) e incluiu no repertório uma parceria de Cartola com Elton Medeiros, que gravaria logo em seguida: *O sol nascerá*. O Zicartola virou moda - e, como toda moda, não durou muito. Da sociedade inicial, com Eugenio Agostini, mais três sócios e Zica, a empresa passou a ser apenas de Alcides de

Na Rua da Carioca, nasce o Zicartola, um restaurante musical que aproveitava com muito pragmatismo os talentos do casal. Zica cuidava da cozinha. Cartola empunhava o violão e recebia os principais criadores dos morros cariocas.

Cartola e Zica na casa já em alvenaria

Sousa e Zica. Em maio de 65, Alcides passa suas cotas. Zica e Cartola tornam-se os únicos donos - mas mostram-se despreparados para a rotina de administrar um negócio como aquele. Endividados, com menos do que quando entraram, meses depois eles cedem o espaço a outro ícone da música popular brasileira, Jackson do Pandeiro. Em 74, admiradores paulistas incentivaram o casal a tentar o renascimento do Zicartola na Vila Formosa, em São Paulo - mas o sucesso não se repetiu.

No intervalo entre os dois restaurantes, o surgimento de um novo autor, nascido em Duas Barras e revelado pela Unidos de Vila Isabel, daria novo formato às relações do samba com o mercado. Chamava-se Martinho José Ferreira e era sargento quando as suas primeiras músicas começaram a aparecer no rádio e nos festivais. E foi no rastro do sucesso de Martinho da Vila que algumas legendas do samba, Cartola inclusive, puderam retornar ou ter acesso ao disco, sendo finalmente descobertos pela mídia.

Em 1968, a Tv Record lançou um festival chamado I Bienal do Samba. Cartola inscreveu a composição *Tive, sim* e ficou em quinto lugar. Dois anos depois, passou a se apresentar no Rio numa série chamada *Cartola convida*, no teatro do prédio que pertencera à União Nacional dos Estudantes, na Praia do Flamengo, 132. O prédio, que havia sido incendiado pelas forças da revolução, ainda guardava sequelas do sinistro e era ocupado precariamente pelas escolas de música e teatro da antiga FEFIERJ.

Não tardou muito e Cartola foi convencido pelos produtores Jorge Coutinho e Leonides Bayer a fazer parte da verdadeira seleção do samba que se reuniu durante anos, todas as segundas-feiras, às 21:30 horas, no mais importante gueto de resistência e difusão do samba e formação de novas platéias e sambistas nos anos setenta: a Noitada de Samba do Teatro Opinião. Cartola era a última atração do elenco fixo da casa, encerrando a primeira fase de cada segunda-feira no momento em que chamava ao palco a atração especial de cada semana. De Donga a Adoniran Barbosa, de J. Piedade a Ismael Silva - todo mundo cantou lá.

No Teatro Opinião, como a atração maior do elenco fixo da Noitada de Samba de todas as segundas-feiras

O elenco fixo? Bem, começava com o grupo Nosso Samba (substituído pelo Exportassamba já nos estertores da série). Na sequência, era a vez de Baianinho, compositor da *Em Cima da Hora*. Baianinho saía, entrava a passista Vera da Portela, num minúsculo biquíni branco. O Opinião, nessa hora, parava de respirar (a Vera, dizem, provocou uma paixão avassaladora num holandês, e deu uma de Iaiá do Cais Dourado, deixando suspiroso no Rio o antigo namorado). Depois, hora de partido-alto. Primeiro, Xangô da Mangueira, que introduzia Clementina de Jesus. Energia em concentração máxima. Quando Clementina retornava ao camarim com seu vestido branco, quem pegava o violão de dedos metálicos era Nelson Cavaquinho, que cedia o banquinho a Cartola depois de cantar, a cada semana, meia dúzia de diferentes obras-primas. Cartola repetia a receita: meia dúzia de obras-primas, até que chamava à cena o convidado especial. Que necessariamente precisava de muito cacife para pisar naquele chão com força.

Certa segunda-feira, o convidado especial vinha de São Paulo: Adoniran Barbosa. Fizemos uma comissão de recepção, no Aeroporto Santos Dumont, e dali fomos direto para um bar. No caminho para o Opinião, ele me sugeriu que comprássemos um litro de whisky. Pegamos um Passport, que abrimos já no camarim. A cada música que ouvia, Adoniran sentia mais o peso da responsabilidade - e bebíamos outra dose. Ele achava que aquele público carioca, depois de ouvir tudo aquilo, não teria prazer em ouvir as suas coisas. Disse ao Jorge Coutinho que só entrava se eu fosse ao palco e dissesse algumas palavras, lembrando aos cariocas quem ia ocupar o microfone. Graças ao Passport, que me levou o senso crítico, topei. Cartola, então, me chamou - e eu chamei Adoniran, depois de proferir duas ou três abobrinhas. Tudo muito desnecessário. O público sabia muito bem quem estava ali, cantou todas as músicas junto com Adoniran, numa noite apoteótica que se encerrou com um teatro lotado e suado dentro do *Trem das onze* - só não me lembro o que fizemos depois que o show acabou.

Na esteira desse sucesso no Teatro Opinião, criaram-se as condições para que Cartola finalmente chegasse ao disco - mas não através de uma gravadora multinacional, com tradição no mercado. Ao contrário, coube ao pioneiro Marcus Pereira, um publicitário apaixonado pela música popular até o fim da vida, a honra histórica de lançar o primeiro elepê de Cartola, em 1974, quando o artista tinha 66 anos de idade. As gravações foram de 16 de fevereiro a 17 de março, com produção de Pelão, trazendo nos acompanhamentos os violões de Dino e Meira, o cavaquinho de Canhoto, o trombone de Raul de Barros, a flauta de Copinha e a percussão de Gilberto, Marçal, Luna, Jorginho e Wilson Canegal.

Quando o projeto de um elepê de Cartola foi oferecido à Philips, atual Polygram, Manoel Barenbein perguntou se ali era um lugar de velhos. Não era. Nem de velhos, nem de sábios. Quando o disco saiu, com um repertório incluindo *Alvorada*, *Tive sim*, *Amor proibido*, uma faixa trazia Nuno Veloso como parceiro: *Festa da vinda*. Cartola considerava-o como um filho e, na época, Nuno era professor da Escola de Comunicação da UFRJ e articulista do Jornal

A cada música que ouvia, Adoniran sentia mais o peso da responsabilidade - e bebíamos outra dose.

O crítico José Ramos Tinhorão viu assim o trabalho: "o repertório não é apenas do mais alto nível, mas o próprio Cartola como que se ultrapassa, derramando-se no requintado lirismo de um samba definitivo: 'As rosas não falam'."

do Brasil, depois de ter estudado com o filósofo da moda, Herbert Marcuse, e se tornado seu assessor. Não consta que o professor considerasse velho o seu parceiro, com quem chegou a morar, lá em Mangueira. Na mesma Philips, aliás, a cantora Gal Costa lançou *Acontece*, logo um sucesso nacional de execução.

Sucesso absoluto de crítica, o elepê ficou entre os melhores do ano de 1974 (Jornal do Brasil, revistas Veja e Fatos & Fotos e Associação Paulista de Críticos de Arte) e melhores de todos os tempos (revista Status). No jornal O Globo (14/07/74), Nelson Motta acerta na veia: "primeiro disco individual, antológico, pessoal, desse extraordinário compositor popular. Elepê assustadoramente simples, direto e inundado de poesia em seus sentidos mais fortes e vitais".

O segundo elepê veio em 1976, no mesmo selo, mas sob a produção do jornalista e escritor Juarez Barroso, que trabalhava no Caderno B, do Jornal do Brasil (Juarez acabou morrendo de um aneurisma pouco antes de legar à MPB a sua obra-prima: o novo disco de Cartola).

Num dos seus textos mais inspirados, o crítico José Ramos Tinhorão viu assim o trabalho: "o repertório não é apenas do mais alto nível, mas o próprio Cartola como que se ultrapassa, derramando-se no requintado lirismo de um samba definitivo: *As rosas não falam*. (...) A parte do ritmo também é perfeita e até a surpreendente inclusão de um fagote na composição de Candeia, *Preciso me encontrar*, revela-se uma voz a mais no coro bem-sucedido dos achados musicais.

No jornal O Dia, eu escrevi no dia 11 de janeiro de 1978 que coube a Juarez "a felicidade de produzir peças raras como O mundo é um moinho e As rosas não falam" e que "a voz de Cartola já se mostrava mais familiarizada com os segredos do play-back e dos diversos canais de gravação". Esse texto introduzia um comentário ao terceiro elepê, o primeiro lançado por uma multinacional - a RCA, hoje BMG-Ariola. Chamava-se *Verde que te quero rosa* e foi produzido por Sergio Cabral, "um dos seus mais entusiasmados amigos e dono de uma autoridade respeitável no setor."

Radamés Gnatalli escreveu o arranjo de Autonomia *no elepê produzido por Sergio Cabral para a RCA*

Os dois parágrafos finais dizem o seguinte:

"Em *Verde que te quero rosa*, a grande música também é de safra recente - a lindíssima *Autonomia*, que certamente durará cinquenta anos. Em sua feitura, o elepê conserva as principais características dos anteriores, exceto nessa faixa em que o produtor promove um encontro muito feliz entre as raízes que Cartola encarna e a técnica e o refinamento de um maestro a quem tanto deve a MPB - Radamés Gnatalli.

"Oportuníssimas também as regravações de *Fita meus olhos* e *Escurinha*, este um contraponto no disco mais místico e mais simbolista de Cartola, homenagem ao amigo Geraldo Pereira, em minha opinião o compositor que mais entendeu o papel da divisão no samba. Como das outras vezes, o velho Angenor de Oliveira, nascido no Catete, transita com tranquilidade ante as novas tecnologias de registro musical. Ao mesmo tempo, e nisso reside a sua grandeza, parece indiferente a todo esse bulício. Exatamente como quando esteve esquecido, até que fosse redescoberto por Stanislaw Ponte Preta."

Solução arquitetônica com ares de jeitinho brasileiro: durante esse período, o barraco de Cartola foi se transformando numa casa confortável e segura. Sem que o poeta e sua Zica saíssem de lá, gradativamente, uma parede de madeira era trocada por laje e concreto. Assim foi indo, até que o velho barracão foi promovido a casa, com quintal na frente e um pinheiro à beira-morro plantado, entre a Visconde de Niterói e o Buraco Quente. À leste, o *Pára quem pode*, à oeste a casa de Carlos Cachaça. O muro foi a última parte a ser reconstruída. Caindo a velha cerca, desaparecia o último resquício do ex-barraco.

Dentro da casa, o que mudou foi o lugar da escada. A antiga, de madeirame gasto pelo tempo e pela chuva, úmida umas vezes, ressecada outras, ficava à esquerda de quem entra. Só foi derrubada quando a escada nova já estava pronta e inaugurada, do lado direito.

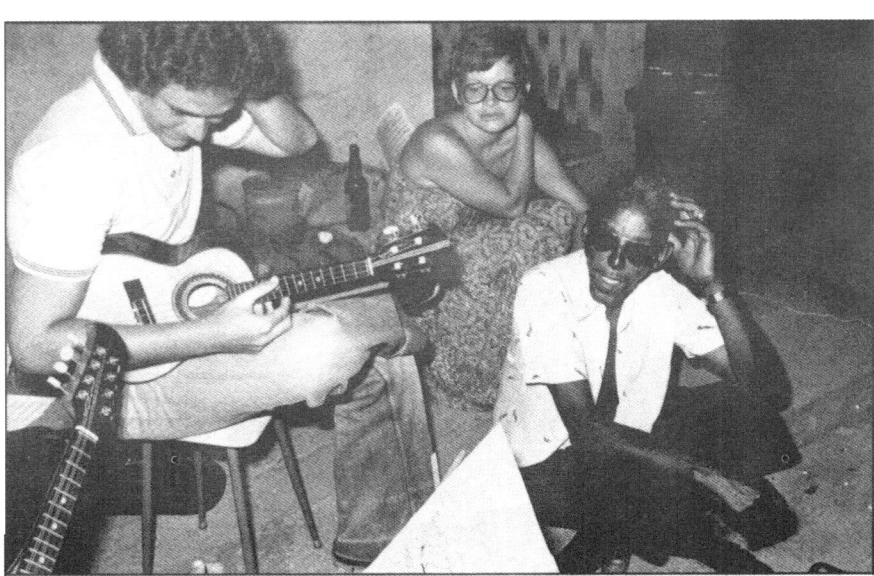

Porta aberta, a casa de Cartola e Zica tinha sempre visita: sambistas e jovens de classe média interessados na obra do mestre

Cartola e Zica eram os mesmos de sempre, só que numa casa decente, com telefone, aparelhagem de som e tevê a cores, ícones da sociedade de consumo misturados às fotos penduradas nas paredes verde e rosa. E a porta, como sempre, continuava aberta para os amigos e sambistas.

No inverno do tempo, Cartola parecia lembrar-se de Guimarães Rosa, que escreveu: "aos setenta anos, a pessoa aprende a brincar com a vida".

Nessa época do elepê da RCA, a gravadora estava lançando um novo grupo - o regional Galo Preto (tive o prazer de assinar o primeiro press-release da rapaziada, cuja carreira ganhou consistência e amadurecimento, mas mantém a mesma dignidade dos dias de estréia). Responsável pela assessoria de imprensa da gravadora, José Luís de Oliveira (hoje produtor e empresário) soube de uma certa data vaga no Teatro da Galeria, na Rua Senador Vergueiro, no bairro do Flamengo, Rio - e resolveu consultar Cartola: "por que não juntar você e o Galo Preto lá?"

Zé pegou os rapazes e levou à Mangueira. Cartola gostou do que viu e ouviu. O velho e o novo harmonizados pelas cordas dos violões no quintal em frente à casa. Mas, qual seria aí o novo?

O fato é que o show saiu - e a crítica adorou. Em 16 de fevereiro de 1978, no jornal O Dia, minha coluna terminava assim: "no sábado, vi logo as duas sessões mas não me sinto tentado a falar de música. Quando acabou, o teatro cheio e aplaudindo de pé, Cartola deu alguns autógrafos e manifestou a mesma pressa de sempre de sair daquele ambiente (não adianta, não é mesmo o dele). Não esqueceu de acender um cigarro (a tireóide que se conforme) e oferecer um Dreher desabridamente escancarado no camarim. Como nos velhos tempos."

Logo depois, a porta sistematicamente aberta começou a trazer problemas. Privacidade, zero. Cartola estava em casa, mas não se sentia à vontade para compor ou tocar. Visita demais, atrapalha. "Tive que terminar *Autonomia* de madrugada, quando o morro

Cartola e Zica eram os mesmos de sempre, só que numa casa decente, com telefone, aparelhagem de som e tevê a cores, ícones da sociedade de consumo misturados às fotos penduradas nas paredes verde e rosa.

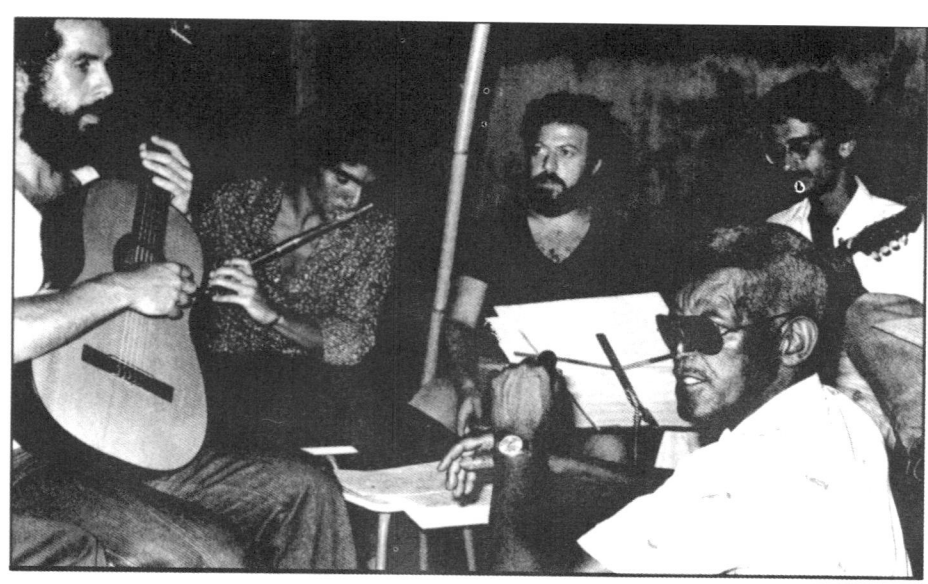

Ensaiando com o regional Galo Preto para o show no Teatro Galeria

dormia e o movimento dos carros era menor" - afirmou ele a Marília Barboza e Arthur de Oliveira Filho, no já citado *Cartola - Os tempos idos* (MEC/Funarte, 1983, RJ).

A solução: um lugar tranquilo em Jacarepaguá. Rua Edgar Werneck, 1.116, lote 108, Freguesia. Preço do sossego: 400 mil cruzeiros, em moeda da época, abril de 78. Para o compositor, seria uma mudança apenas física. Seu coração ficaria na Mangueira, uma relação de 57 anos. E uma relação que estava longe de terminar.

De qualquer forma, foi em Jacarepaguá que Cartola fez 70 anos. E, na verdade, não foi um aniversário. Foi um evento cultural - institucionalizado, inclusive. Às 5:30 da manhã daquele 11 de outubro, teve alvorada comandada por Lígia Santos, filha de Donga, Marília Barboza e Arthur de Oliveira. No fim da tarde, houve missa na Igreja de N. S. da Glória, no Largo do Machado, com participação da soprano Maria Lúcia Godoy, do tecladista e compositor Wagner Tiso e do Coral da Universidade Gama Filho. E não ficou nisso: Sergio Cabral proferiu conferência na Sala Funarte (Hermínio Bello de Carvalho, chefe da área musical foi que institucionalizou a data, em âmbito federal). Na quadra da Mangueira, no dia 19, participação especial da Ala dos Compositores para homenagear o mestre. Na Universidade Gama Filho, um concurso de análise literária a partir da letra de *As rosas não falam*. E, na EMI/Odeon, o relançamento do elepê *Fala, Mangueira*, de 1968, e que estava há muitos anos fora de catálogo (no relançamento, o álbum passou a se chamar Cartola 70, providência elogiada por Hermínio:

- É um disco importante, que quase ninguém tem e que é praticamente impossível de achar. Então, politicamente, era preferível fazer a adulteração do que não relançar o elepê. As lojas ficariam sem ele e Cartola passaria o aniversário sem disco.

O livro de Marília e Arthur diz como o poeta reagiu às homenagens:

"É muito bom saber que a gente não passou pela vida em branco. Prefiro as homenagens, agora, enquanto estou vivo. Que me adiantariam depois? Gosto desse tipo de reunião, como essas aqui

No fim da tarde, houve missa na Igreja de N. S. da Glória, no Largo do Machado, com participação da soprano Maria Lúcia Godoy, do tecladista e compositor Wagner Tiso e do Coral da Universidade Gama Filho.

Na Igreja de N. S. da Glória, no Largo do Machado, a missa que marcou o aniversário de 70 anos do compositor

Na reverência elegante, uma marca que se transformou em nome próprio: Cartola

em casa. Mas gosto também de missas, como a que foi organizada pela Funarte. E não adianta me perguntar quem vai cantar na igreja. Eu não sei de nada. Sou apenas o homenageado. Tudo o que acontecer, receberei com muita alegria."

(A missa, recordo-me bem, foi lindíssima e transcorreu num clima de intensa emoção. Numa velha Pentax desaparecida misteriosamente num almoço na Marisqueira, fiz algumas das melhores fotos da minha vida. O velho mangueirense Renato Sergio, hoje um abstêmio, costumava me saudar dizendo: "nunca numa igreja". Claro, encontrávamos-nos sempre em bares, restaurantes, teatros e shows. A partir daquele dia, disse-lhe, já não podíamos repetir a velha saudação, por causa da missa. Mas, também, logo depois, Renato parou de beber).

A produção do quarto elepê encontrou Cartola fragilizado por problemas de saúde e, ao mesmo tempo, rejuvenescido por novas parcerias com compositores mais novos como Cláudio Jorge, ou de formação diferente, como Roberto Nascimento. Com Cláudio, ele fez *Dê-me graças, senhora*, incluída no disco. Com Roberto, *Inverno do meu tempo* e *A cor da esperança*, a primeira a faixa-título da nova gravação, colocada à venda em março de 1979.

No dia vinte de abril, em O Dia, anotei que "foi junto com seu parceiro mais frequente, Carlos Cachaça, com quem fez *Silêncio de um cipreste*, que Cartola chegou ao melhor momento do disco."

No restante do ano, algumas recaídas. Cartola internado. No início de 80, uma hemorragia digestiva levou-o ao Hospital Cardoso Fontes, lá mesmo em Jacarepaguá. De lá, foi transferido para o Hospital do Andaraí, melhorou e teve alta. Mas as dores continuavam e nada lhe parava no estômago. Alcione convidou-o a gravar com ela o samba *Eu Sei*. Foi a última vez que Cartola entrou num estúdio de gravação. Para o aniversário de 72 anos, o artista plástico Mello Menezes criou uma ilustração para o poema *Anjo Mau*, de Cartola, da qual foram extraídas cem cópias.

A partir de então, Cartola jamais voltou a se recuperar completamente. Novas internações ocorreram, agora no Hospital da

Lagoa, por interferência de Elton Medeiros, ou na Casa de Saúde São Carlos, especializada no tratamento do câncer. Após lenta agonia, Cartola morreu num domingo à noite, 30 de novembro de 1980. Como não podia deixar de ser, Carlos Cachaça foi o primeiro a chegar lá.

O velório foi na quadra da Mangueira. E pelo corpo do poeta morto passaram desde o governador Chagas Freitas a sambistas como Paulinho da Viola, Elizeth Cardoso, João Nogueira, Alcione e Beth Carvalho. De São Paulo, uma delegação representava o samba da terra da garoa. O presidente João Batista Figueiredo enviou telegrama à viúva: "consternado com a morte de seu marido, poeta e compositor que cantou de forma tão bela os encantos da vida, envio-lhe sincero abraço de solidariedade e certeza de que Cartola viverá para sempre na alma singela do povo brasileiro, na imortalidade de suas canções e na saudade de seus amigos e admiradores". Em entrevista, Chagas Freitas observou que "a morte de Cartola sensibilizou não apenas o povo fluminense, mas o Brasil inteiro. É uma perda expressiva para a nossa música popular."

Sobre o caixão, duas bandeiras: a da Mangueira e a do Fluminense, "amores da vida inteira", como frisam Marília e Arthur.

O que escrevi:

"Cartola está morto. Pensando numa maneira de vê-lo definitivamente homenageado, percebo que seu nome, seu temperamento e sua obra não combinam, por exemplo, com nome de rua. Nisto, foi perfeita a Prefeitura quando decidiu chamar *As rosas não falam* a praça onde morava, em Jacarepaguá. De qualquer maneira, alguma coisa tem que ser feita oficialmente diante do desaparecimento do mais venerável nome do samba brasileiro."

(Na inauguração da nova praça, houve uma grande festa, em Jacarepaguá, da qual lembro pouco, a casa intransitável, gente demais, os copos acima da cabeça numa sala completamente engarrafada. Um ano depois, me expliquei melhor: "preferia o nome dele ligado, por exemplo, a uma escola em Mangueira. Assim: *Escola Municipal Divino Mestre Cartola*"; na mesma ocasião, o prefeito de São Paulo resolveu batizar não uma rua, mas toda uma avenida paulista com o nome do compositor)

E mais:

"Era assim o Cartola: bom. Tinha um olhar inteligente e compreensivo por trás daquelas eternas lentes escuras de seus óculos. O que se pensava que ele não via, virava música com uma naturalidade tão certeira que seria impossível adivinhar na obra o septuagenário que apenas a doença fazia questão de denunciar. E, vejam vocês, a vida dele jamais foi mar verde e rosa. Quando melhorou um pouquinho, os direitos autorais dando para comprar uma casinha em Jacarepaguá e um Fiat, tudo aureolado por um inquestionável prestígio nacional, veio a doença.

Era assim o Cartola: bom. Tinha um olhar inteligente e compreensivo por trás daquelas eternas lentes escuras de seus óculos.

"Cartola não reclamou, aprendeu a conviver com ela. Suas letras passaram a refletir uma até então ausente espiritualidade (confiram os dois últimos elepês) e uma inacreditável alegria de viver, terrível paradoxo entre o que sua sabedoria e generosidade irradiavam e o mal que crescia alheio a todas as radiações.

"Legenda do samba. Penso nessa expressão, em seu lugar-comum, e vejo que nenhuma outra apreenderia Cartola em sua múltipla significação dentro do universo do gênero que se tornou o nosso porta-voz em assuntos de música. É fato que a expressão é usada por aí sem muita cerimônia, aplicada a sambistas e compositores de terceiro escalão. Que é que se vai fazer? Citá-lo apenas como este compositor enorme e conhecido de todos seria minimizar o alcance comunitário do que realizou. E, para um homem que fundou a Mangueira, escolheu suas cores e ajudou decisivamente a unificar um dos mais complexos morros cariocas, isso na altura de 1928, seria pouco e incompleto. Tampouco foi ele um cartola do samba, no sentido pejorativo do termo no jargão do esporte. Nem mesmo daí vem seu apelido, antes uma homenagem a sua inflexível elegância e distinção.

Se a vida maltratou-o, notem como ele sempre respondeu educadamente a ela.

"Reparem bem as incontáveis qualidades desse artista popular (não primitivo como querem alguns), um carioca nascido na Rua Ferreira Vianna, no Catete. Se a vida maltratou-o, notem como ele sempre respondeu educadamente a ela. Se o primeiro casamento não deu certo, sintam o respeito com que Cartola tratou do tema numa homenagem à Zica, a segunda - e definitiva - mulher. Se a Mangueira, por uns tempos, desiludiu-o, acreditem: ele não se esquivou de ser um mero lavador de carros, até que Stanislaw providenciasse o milagre de resgatá-lo, redimindo a nossa própria incompetência. E, finalmente, se não lhe foi dada a oportunidade de entrar academicamente em contato com o rebuscamento das técnicas musicais, escutem o quanto Cartola foi elaborado em seu metódico, sensível e refinado autodidatismo."

Pouco antes, na sua coluna no Jornal do Brasil, Carlos Drummond de Andrade reverenciou o colega-poeta: "alguns, como Cartola, são trigo de qualidade especial. Servem de alimento constante. A gente fica sentindo e pensamenteando sempre o gosto dessa comida."

Um ano depois da morte de Cartola, o Palácio do Samba abriu suas portas para a Noite do Divino Cartola, evento que reunia o lançamento do livro *Fala, Mangueira*, de Marília Barboza e Arthur de Oliveira Filho, além de um concurso destinado a premiar os melhores intérpretes de sua obra. O júri era simpático e competente: Paulinho da Viola, Elizeth Cardoso, Clara Nunes, Alcione e Beth Carvalho. Os troféus levavam, significativamente, os títulos das músicas pelas quais Cartola gostaria de ser lembrado: 1º lugar - *As rosas não falam*; 2º lugar - *O mundo é um moinho*; 3º lugar - *Inverno do meu tempo*.

Em setembro de 82, a gravadora Estúdio Eldorado, dirigida pelo mosqueteiro Aluizio Falcão, lançou o elepê *Cartola -*

Documento inédito, em evento muito concorrido realizado no Espaço Alternativo da Funarte. Compositores, sambistas, músicos, cantores, críticos e jornalistas acotovelaram-se ali para, um pouco mais, e ainda, beber do samba de Cartola. No vinil, uma entrevista do mestre, por Aluizio Falcão. Embora citando nomes e datas de memória, Cartola só se confunde uma vez, quando se refere ao samba *Quem me vê sorrindo*, que na verdade é anterior a 1940 (na contracapa, o próprio Aluizio faz o reparo). No repertório que pontua a entrevista estão ausentes os parceiros Dalmo Castello, Aluizio Dias, Oswaldo Martins, Hermínio Bello de Carvalho e Elton Medeiros. Mas, lá estão Nuno Veloso (*Senões*), Roberto Nascimento (*Inverno do meu tempo*), Carlos Cachaça (*Quem me vê sorrindo*) e Cláudio Jorge (*Dê-me graças, senhora*), além de *Que sejam benvindos, Autonomia, Acontece* e *Que sejas feliz*, sem parceiros.

O andamento, em quase todas as faixas, puxa para o samba-canção que, na entrevista, ele confessa preferir ao samba (algumas de suas composições sequer são sambas-canções, mas simplesmente canções; Cartola era um admirável cançonetista).

Dois anos depois, em 1984, um novo disco sairia, *Cartola entre amigos*, com uma ilustração de Lan na capa. Seu lançamento foi simultâneo ao show *Autonomia - Samba de Cartola* em concerto e ao livro *Cartola - Tempos idos*, de Marília e Arthur. O show, que ficou duas semanas em cartaz na Sala Funarte Sidney Miller, reunia Clementina de Jesus, Luiz Carlos da Vila, Zeca do Trombone, Cláudio Jorge e Exportassamba. O disco, vamos a ele:

"É obra-prima, faço questão de proclamar do alto da minha parcialíssima suspeição. Fui amigo de Cartola, reencontro entre os artistas do disco caríssimos companheiros e, há muito tempo, venho chamando a atenção para o respeito e o talento que costumam marcar as produções assinadas (...) por João de Aquino, magnífico violonista e produtor, capaz de soluções sempre criativas a partir das fórmulas simples da percussão brasileira.

"O elepê (...) desnuda um Cartola (...) na intimidade de seus amigos e admiradores. (...) Feito basicamente a partir de músicas inéditas (apenas uma faixa era conhecida antes) faz lembrar o poeta: pena que para tanta arte fosse tão curta a vida desse homem do povo tardiamente descoberto pelos meios de comunicação e pela indústria fonográfica (...).

"*Entre amigos* só não é perfeito porque, apesar do esforço dos convidados, às vezes é inevitável imaginar-se como seria determinada faixa cantada pelo próprio Cartola. Ele, aliás, está presente numa faixa, gravação de nível doméstico, colhida por Marília e Arthur, do samba *Partiu*, com acompanhamento de Rildo Hora. Consideremos, no entanto, esta faixa como uma reverência: não é ela a tônica do disco, nem este tem uma roupagem que em algum momento possa ser confundida com amadorismo.

"Quando a filha adotiva do compositor, Creusa, canta *Rolam dos meus olhos* com um emotivo solo de sax-soprano atrás dela,

"Entre amigos" só não é perfeito porque, apesar do esforço dos convidados, às vezes é inevitável imaginar-se como seria determinada faixa cantada pelo próprio Cartola.

estamos diante do melhor que uma música popular pode devolver ao povo que a inspirou. Quando a caixa de fósforo é usada como recurso de percussão, sublinhando a voz de Nelson Sargento - novamente estamos diante da capacidade de improvisação do artista brasileiro.

"No encarte do disco, o pesquisador Jairo Severiano considera o intérprete da faixa seguinte, Nuno Velloso, (mais um dos jovens de classe média que se aproximaram do mestre,. Equivocou-se, o Jairo. Nuno não é tão jovem assim, nem suas origens são exatamente as da classe média. (...) Nuno foi diretor da Mangueira, crooner de conjuntos de samba em sua juventude, companheiro e parceiro de Cartola numa época em que a diferença de idade entre ambos não caracterizava a rachadura de pensamentos que separam, atualmente, um homem de quarenta anos de um jovem de vinte.

"E é incrível como a voz do crooner é reabilitada na música *Se outro amor tentasse*, de Cartola e Nuno. Cartola ia gostar muito de ouvir isso, com toda a certeza.

"Há um samba no disco (...) Padeirinho foi o escolhido para cantá-lo, que é a cara do Nelson Cavaquinho. Estilisticamente, não são muitos os pontos de contato entre as músicas de Nelson e Cartola. Este samba, *Festa da Penha*, reminiscência de uma época em que o Rio de Janeiro era outro, representa uma espécie de confluência entre os dois estilos, antípodas mas igualmente mangueirenses. Tematica ou melodicamente, há nuances entre as obras de Cartola e Nelson. O samba em homenagem à tradicional Festa da Penha é como uma intersecção - e bom seria que fosse registrado por aquele que considera Cartola o maior compositor brasileiro, Padeirinho, instado a substituir o velho Nelson, dá conta do recado admiravelmente, com um detalhe: *Festa da Penha* é um daqueles sambas de Cartola perdidos no meio do inconsciente coletivo. Aprendi-o há mais de vinte anos, nas rodas de samba da Praça Onze, e só agora, com este *Entre amigos*, descubro que é engenho e arte de Cartola.

"O dueto *Deus te ouça*, Cartola e Paulo da Portela, interpretado no disco por Monarco e Doca, dois portelenses de bom-gosto, traz o charme dos agudos da resposta em contraponto. Obra singela, ainda assim Cartola dá um jeito de ser requintado, especial. Como acontece quando Cláudia Savaget canta *Interroguei uma rosa*, já classificada como embrião histórico de *As rosas não falam*. No samba mais antigo, inexplicavelmente inédito, dizia Cartola: *aqui se beijaram, ela e outro amante/neste jardim juraram amor constante/interroguei uma rosa/e a rosa foi se desbotando/e, a cada pergunta, negando*. Elegantíssimo.

As duas músicas que dão os trâmites por findos soam-me como homenagens de Cartola. *Tu vais ao samba*, interpretada por Nadinho da Ilha, este injustiçado, recende aos trejeitos rítmicos que demarcam os sambas de outros mangueirenses, Geraldo Pereira. *Juca Malvado*, que sai do ineditismo pela voz de Paulo Marquez, tem o sabor daquelas canções dos anos quarenta, de sabor indefinido, algo entre Lupicínio Rodrigues e Lamartine Babo, pessoas, diga-se de passagem, de muito boas relações com o senhor da floresta verde e rosa. Nesta última, a superposição do violão de João de Aquino lembra sinos, clima quase bachiano sobre o qual o poeta descreve uma tragédia. (...)

E, prova definitiva da dimensão de sua obra, Cartola mereceu em 1988 uma homenagem da cantora Leny Andrade, uma das mais sofisticadas da história da MPB: um elepê chamado *Cartola 80 anos*, com produção de Paulinho Albuquerque e arranjos de Gilson Peranzetta. Na contracapa, a síntese de Aldir Blanc: "bate outra vez com esperanças o meu coração. Uma batida diferente, ao perceber a riquíssima técnica de Cartola e a intensa intuição de Leny."

Roberto M. Moura

A cor da esperança

CARTOLA e
ROBERTO NASCIMENTO

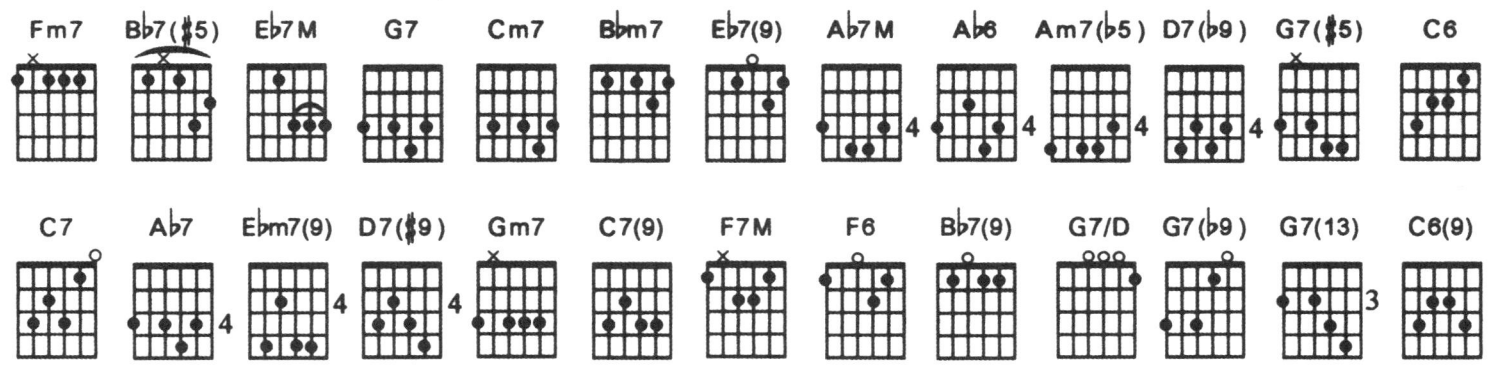

Introdução:

Fm7 - Bb7(#5) - Eb7M - G7 - Cm7 - Bbm7 - Eb7(9) - Ab7M - Ab6 - Am7(b5) - D7(b9) - G7(#5)

    G7(#5)   C6
Amanhã
        C7   Fm7
A tristeza vai transformar-se em alegria
        Ab7   Ebm7(9) D7(#9)
E o sol vai brilhar no céu de um novo dia
Gm7   C7(9) F7M   F6
Vamos sair pelas ruas pelas ruas da cidade
Fm7   Bb7(9)   Eb7M G7   Cm7
Peito aberto, cara ao sol da felicidade
            G7/D   G7(b9)
E num canto de amor assim
       C7   Fm7
Sempre vão surgir em mim novas fantasias
Fm7   Bb7(#5) Eb7M G7   Cm7
Sinto vibrando no ar e sei que não é vã
  Bbm7   Eb7 Ab7M Ab6 Am7(b5) D7(b9)   G7(#5)
A cor da esperança, a esperança do amanhã
G7(13)   C6(9)
Do amanhã, do amanhã

A cor da esperança

Acontece

CARTOLA

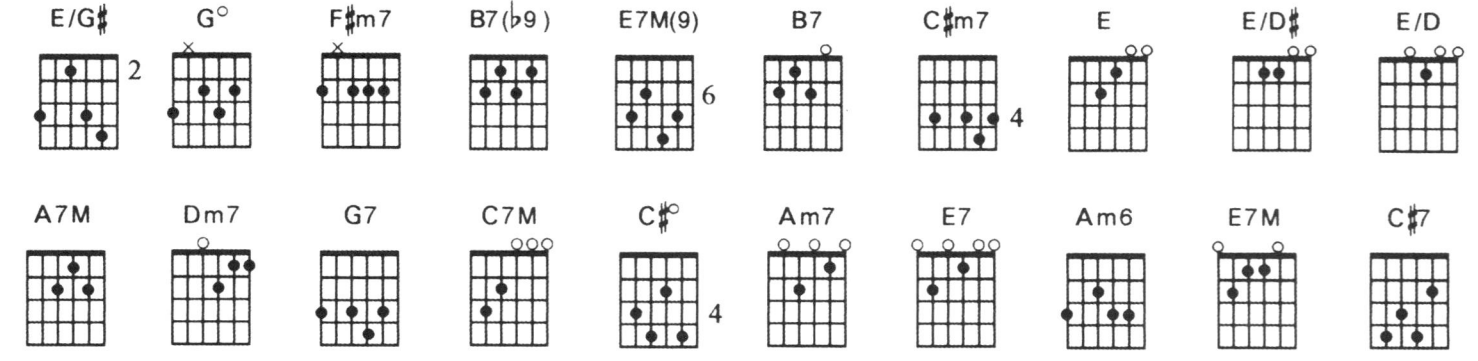

Introdução: E/G# - G° - F#m7 - B7(b9)

     E7M(9)   **G°**   **F#m7** **B7(b9)**
Esquece o nosso amor vê se esquece
     E7M(9)   **C#m7**   **F#m7**   **B7**
Porque tudo no mundo acontece
         E   **E/D#** **E/D** **A7M** **Dm7** **G7**
E acontece que já não sei mais amar
    C7M   **C#°**   **Dm7**
Vais chorar vais sofrer
    G7   **C7M**   **Am7**   **B7**
E você não merece mais isso acontece
   E7M(9)   **G°**   **F#m7** **B7**
Acontece que meu coração ficou fri_____o
  E   **E/D**   **C#m7**   **F#m7** **B7** **E7**
E nosso ninho de amor está vazi_____o
     A7M   **Am6**
Se eu ainda pudesse fingir que te amo
E/G#   **C#7**   **F#m7**
Ai se eu pudesse, mas não quero
     B7   **E7M** **Am7** **E7M**
Não devo fazê-lo, isso não aconte____ce...

Acontece

© Copyright 1972 by EDIÇÕES MUSICAIS TAPAJÓS LTDA (100%).
Todos os direitos autorais reservados para todos os países.
ALL RIGHTS RESERVED. INTERNATIONAL COPYRIGHT SECURED.

Alvorada

CARTOLA,
CARLOS CACHAÇA e
HERMINIO BELLO DE CARVALHO

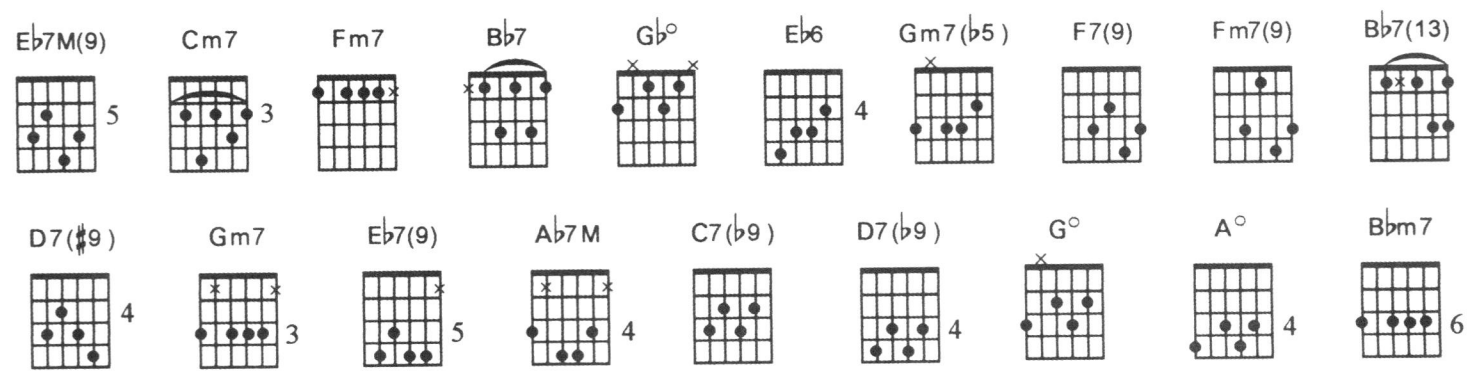

Introdução: **Eb7M(9)**

      Cm7   *Fm7*   *Bb7*   *Eb7M(9)*
Alvorada lá no morro que beleza
              Gbº   *Fm7*
Ninguém chora, não há tristeza
        Bb7   *Eb6*
BIS Ninguém sente dissabor
            Gm7(b5)   *C7(b9)*   *F7(9)*
O sol colorindo é tão lindo, é tão lindo
           Fm7(9) *Bb7(13)* *Eb7M(9)* *Cm7* *D7(#9)*
E a natureza sorrindo, tingindo, tingindo, alvorada

   Gm7   *D7(b9)*   *Gm7*
Você também me lembra a alvorada
     Eb7(9)   *Ab7M* *Aº*   *Bbm7*   *Eb7(9)* *Ab7M* *Gº*
Quando chega iluminando meus caminhos tão sem vida
   Gbº *Fm7*   *Bb7*   *Gm7(b5)*
E o que me resta é bem pouco quase nada
     C7(b9)   *Fm7* *Bb7*
Do que ir assim vagando
     Eb7M(9) *Cm7*
Nesta estrada perdida, alvorada
 Fm7   *Bb7*
Alvorada lá no morro...

FADE OUT

Alvorada

Amor proibido

CARTOLA

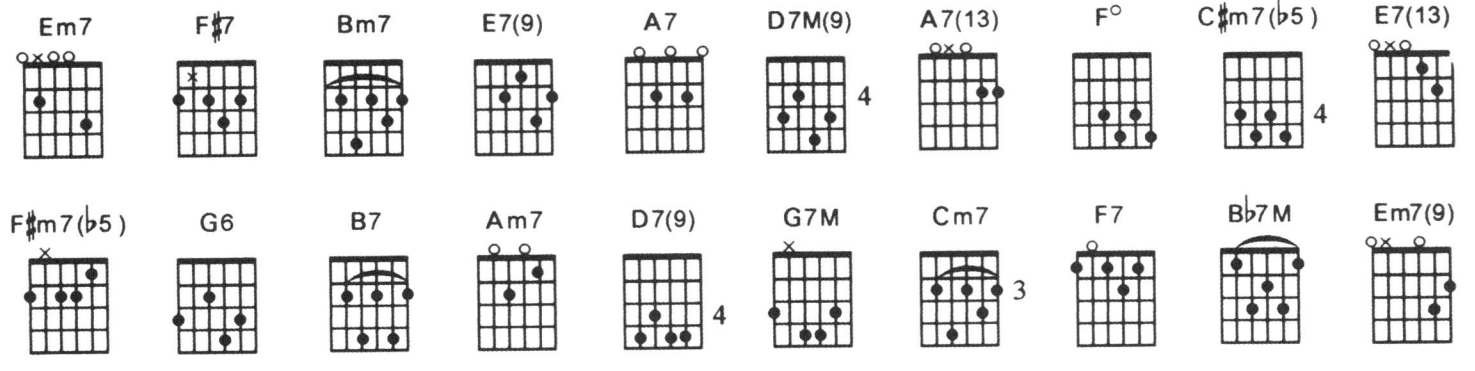

Introdução: *Em7 - F#7 - Bm7 - Em7 - E7(9) - A7 - D7M(9)*

Bm7   E7(9) A7(13)   D7M(9)
Sabes que vou   partir
F°   Em7   A7(13)
Com os olhos rasos d'água
D7M(9)   Bm7
E o coração ferido
            C#m7(b5) F#7   Bm7
Quando lembrar   de ti
          E7(13)
Me lembrarei também
          Em7   Bm7
Deste amor proibido
        E7(9)   A7(13)   D7M(9) F°
Fácil demais fui presa
      Em7   A7   F#m7(b5)   B7
Servi de pasto em tua mesa
       Em7(9)   F#7
Mas fiques certa que jamais
Bm7   Em7(9)
Terás o meu amor

        E7(9) A7(13)   D7M(9)
Porque não tens   pudor
Am7   D7(9)
Faço tudo prá evitar o mau
G7M   G6
Sou pelo mau perseguido
Cm7   F7
Só o que faltava era esta
Bb7M   A7(13)
Fui trair meu grande amigo
        Em7(9) A7(13)   F#m7(b5)   B7
Mas vou limpar   a mente
        Em7 A7   D7M(9)   Bm7
Sei que errei, errei inocente

                          BIS

Em7(9)   E7(9) A7(13)   D7M(9)
Só porque não tens   pudor

Amor proibido

As rosas não falam

CARTOLA

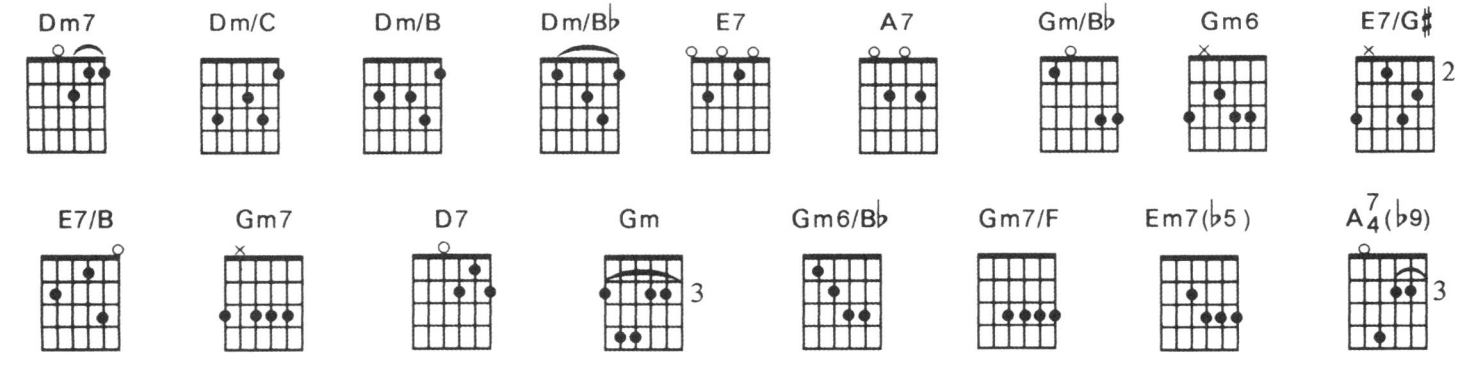

Introdução: **Dm7 - Dm/C - Dm/B - Dm/B♭ - E7 - A7 - Dm7 - A7**

    Dm7   **Dm/C**
Bate outra vez
                  Gm/B♭   **Gm6**
Com esperanças o meu coração
          E7/G♯   **A7**   **Dm7** **Dm/C** **E7/B** **A7**
Pois já vai terminando o verão enfim
Dm7   **Dm/C**
Volto ao jardim
              E7/B   **E7**
Com a certeza que devo chorar
              Gm7   **A7**   **Dm7** **D7**
Pois bem sei que não queres voltar para mim
Gm   **Gm/F** **Em7(♭5)** **A4⁷(♭9)**
Queixo-me às rosas, que bobagem
    Dm7   **Dm7/C**
As rosas não falam
         E7/B   **E7/G♯**
Simplesmente as rosas exalam
             Gm   **A7**
O perfume que roubam de ti, ai
Dm7   **Dm/C**   **Gm/B♭**   **Gm**
Devias vir para ver os meus olhos tristonhos
         E7/G♯   **E7**   **A7**   **Dm7**
E quem sabe sonhavas meus sonhos por fim...

As rosas não falam

Disfarça e chora

CARTOLA e
DALMO CASTELLO

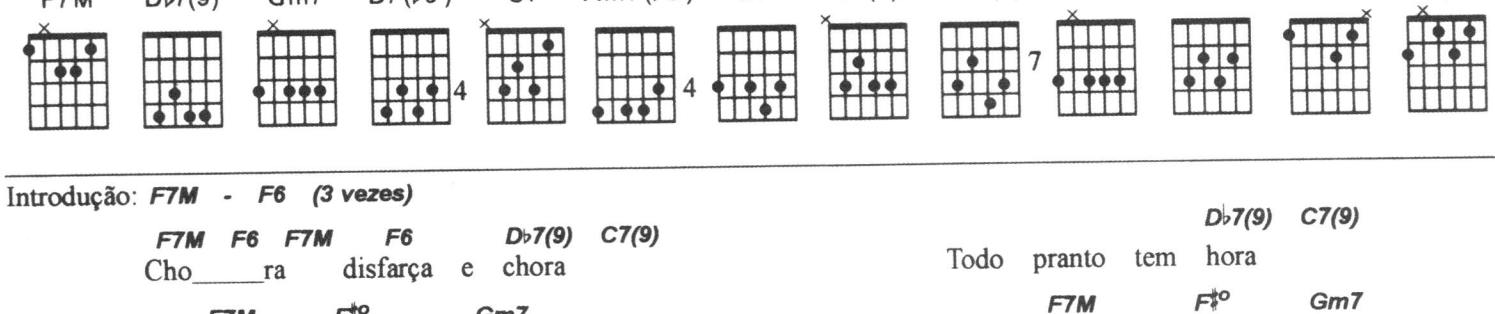

Introdução: **F7M - F6 (3 vezes)**

    F7M F6 F7M   F6   Db7(9) C7(9)
Cho_____ra   disfarça   e   chora

    F7M   **F#º**   **Gm7**
Aproveita   a   voz   do   lamento

             Am7(b5) D7(b9)
Que   já   vem   a   aurora

  Gm7   **C7**
A   pessoa   que   tanto   querias

    Am7(b5)   **D7(b9)**
Antes   mesmo   de   raiar   o   dia

  Gm7   **C7(9)**
Deixou   o   ensaio   por   outra

         F7M   **F6**
Oh!   Triste   senhora

         F7M   **F6**
Disfarça   e   chora

            Db7(9) C7(9)
Todo   pranto   tem   hora

    F7M   **F#º**   **Gm7**
E   eu   vejo   seu   pranto   cair

           Am7(b5) D7(b9)
No   momento   mais   certo

 Gm7   **C7(9)**
Olhar,   gostar   só   de   longe

 Am7(b5)   **D7(b9)**
Não   faz   ninguém   chegar   perto

    Gm7   **Db7(b9)**
E   seu   pranto   ó   triste   senhora

   C7(9)   **F7M(9)** **F6**
Vai   molhar   o   deserto...

   C7(9)   **F7M(9)** **F6**
Vai   molhar   o   deserto...

Disfarça e chora

© Copyright by EDIÇÕES EUTERPE LTDA (100%).
Todos os direitos autorais reservados para todos os países.
ALL RIGHTS RESERVED. INTERNATIONAL COPYRIGHT SECURED.

Am7(♭5) D7(♭9) Gm7 C7(9)
8
vem_a au - ro ra A pes - soa a que tan to que - ri as An - tes
Am7(♭5) D7(♭9) Gm7 C7(9)
12
mes- mo de rai - ar o di a Dei - xou o_en - sai - o por ou - tra Oh! Tris - te se - nho
(2x) a_es - co - la
F7M F6 F7M F6
16
ra Dis - far - ça_e cho ra To - do pran - to tem ho
D♭7(9) C7(9) F7M F♯° Gm7
20
ra E eu ve jo seu pran - to ca - ir no mo - men - to mais
Am7(♭5) D7(♭9) Gm7 C7(9)
24
cer - to O - lhar gos - tar só de lon - ge
Am7(♭5) D7(♭9) Gm7
28
Não faz nin - guém che - gar per - to E seu pran - to ó tris - te se - nho
D♭7(9) C7(♭9) F7M F6 F7M F6
31
ra vai mo - lhar o de - ser to
Ao 𝄋 e 𝄌
D♭7(9) C7(9) F7M(9) F6 C7(9) FADE OUT
34
ra vai mo - lhar o de - ser to Vai mo - lhar o deser

Divina dama

CARTOLA

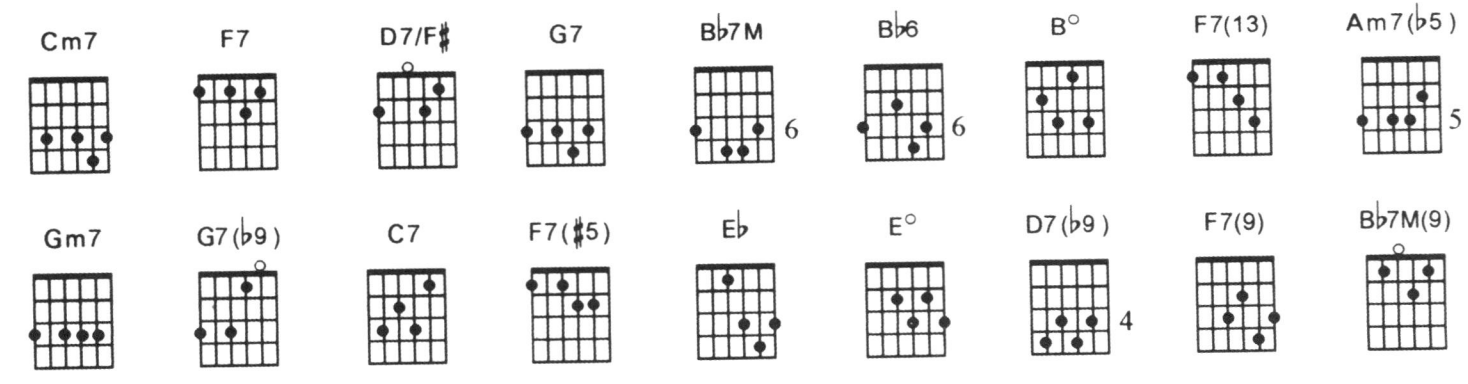

Introdução: **Cm7 - F7 - D7/F♯ - G7 - Cm7 - F7 - B♭7M - F7**

BIS:

   B♭6   B♭7M B°   Cm7   F7(13)
Tudo acabado e o baile encerrado
  Cm7   F7(13) B♭7M   Am7(♭5) D7(♭9)
Atordo__ado fiquei
  Gm7   G7(♭9) Cm7
Eu dancei com você divina dama
             C7   F7(13)   F7(♯5)
Com o coração queimando em chama
 E♭   **E°**   **F7**   **B♭6**
Fiquei louco pasmado por completo
 Cm7   **D7(♭9)**   **G7** **Cm7**
Quando me vi tão perto de quem tenho amizade
      F7(13) **B♭7M**   **G7**
Na febre da dança senti tamanha emoção
 Cm7   **F7(13)** **B♭7M**   **F7(9)**
Devorar-me o cora____ção, divina dama

1ª PARTE

 B♭6   **B♭7M** **B°**
Tudo acabado...
 E♭   **E°**   **F7**   **B♭6**
Quando eu vi que a festa estava encerrada
 Cm7   **D7(♭9)**   **G7**
E não restava mais nada de felicidade
 Cm7   **F7(13)**   **B♭7M**   **G7**
Vingue-me nas cordas da lira de um trovador
 Cm7   **F7(13)**   **B♭7M**   **F7(9)** **B♭7M(9)**
Condenando o teu amor, tudo acabado

Divina dama

♩=78 — Solo Sax Tenor

Lyrics (Voz):

Tu-do_a-ca-ba-do e o bai-le en-cer-ra-do A-tor-do-a-do fi-quei Eu dan-cei com vo-cê Di-vi-na da-ma Com o co-ra-ção quei-ma-do_em cha-ma Fi-quei lou-co pas-ma-do por com-ple-

© Copyright 1932 by EDITORIAL MANGIONE FILHOS & CIA. LTDA (100%).
Todos os direitos autorais reservados para todos os países.
ALL RIGHTS RESERVED. INTERNATIONAL COPYRIGHT SECURED.

Bb6 Cm7 D7(b9) G7
— to Quan-do me vi tão per-to de quem te-nho_a-mi-za-
G7 Cm7 F7(13) Bb7M
de Na fe-bre da dan-ça— sen-ti— ta-ma-nha_e-mo-
G7 Cm7 F7(13) Bb7M
ção De-vo-rar-me_o co— ra-ção— di-vi-na da—
F7(9) Eb E°
— ma— Quan— do_eu vi— que_a fes—
Ao 𝄋 com rep. e 𝄌
F7 Bb6 Cm7 D7(b9)
— ta_es-ta-va_en-cer-ra da E não res-ta-va mais na-da de fe-li-ci-
G7 G7 Cm7 F7(13)
da-de Vin-gue-me nas cor-das— da li—
Bb7M G7 Cm7 F7(13)
— ra de_um tro-va-dor Con-de-nan-do_o teu— a-mor,—
Bb7M F7(9) Bb7M(9)
— tu-do_a-ca-ba— do—

Festa da vinda

CARTOLA e
NUNO VELLOSO

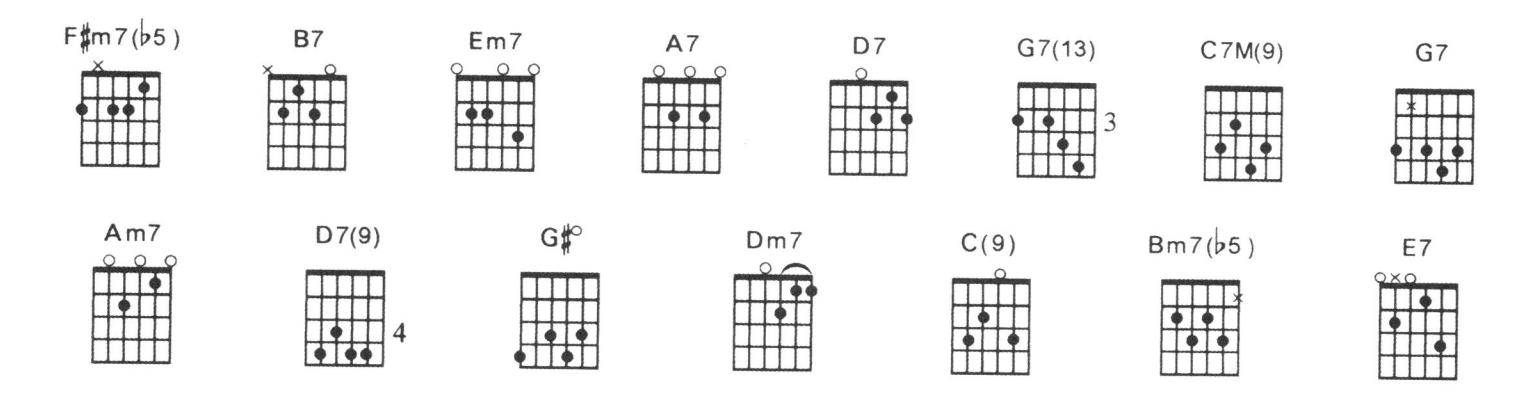

Introdução: F#m7(b5) - B7 - Em7 - A7 - D7 - G7(13) - C7M(9) - G7

```
C7M(9)   Am7              D7(9)
Eu        e  meu  violão
             G#°                         Am7
Vamos  rogando  em  vão  o  seu  regresso
             Dm7    G7            C(9)     Am7
Se  soubesse  como  choro    e  como  peço
             Bm7(b5)  E7                    Am7
Prá  que  nosso  fracasso      se  transforme  em  progresso
             Dm7    G7       C(9)    Am7
Apesar  de  todo  erro  espero  ainda
             Bm7(b5)  E7              Am7
Que -- a  festa  do  adeus      seja  festa  da  vinda
             Dm7          E7      Am7
Ja  perdi  tantos  amores  não  notei  diferença
             Dm7    G7                C(9)
Pensei  que  passavam  séculos  sem  a  sua  presença
             Dm7       E7           Am7
Misturada  entre  as  pedras    preciosas  do  mundo
             Bm7(b5)  E7                  Am7       G7
Com  um  simples  olhar      a  você  não  confundo
```

F#m7(b5) - B7 - Em7 - A7 - D7(9) - G7(13) - C(9)

Festa da vinda

| Dm7 | G7 | C(9) | Am7 |

_ro_ es - pe - ro_a - in - da___ Que a fes - ta do_a-

| Bm7(♭5) | E7 | | Am7 |

deus se - ja fes - ta da vin - da___ Já per - di tan - tos a - mo-

| Dm7 | E7 | | Am7 |

_res, não no - tei___ di - fe - ren - ça___ Pen - sei

| | Dm7 | G7 |

que pas - sa - vam sé - cu - los___ sem a su - a pre-

| C(9) | | | Dm7 |

_sen - ça___ Mis - tu - ra - da en - tre_as pe - dras___

| E7 | Am7 | | |

pre - ci - o - sas do mun - do___ Com um sim - ples o-

| Bm7(♭5) | E7 | Am7 | G7 |

_lhar a___ vo - cê não con - fun - do___ Ao 𝄋 e ⊕

| G7 F#m7(♭5) | B7 Em7 | A7 | D7(9) G7(13) | C(9) |

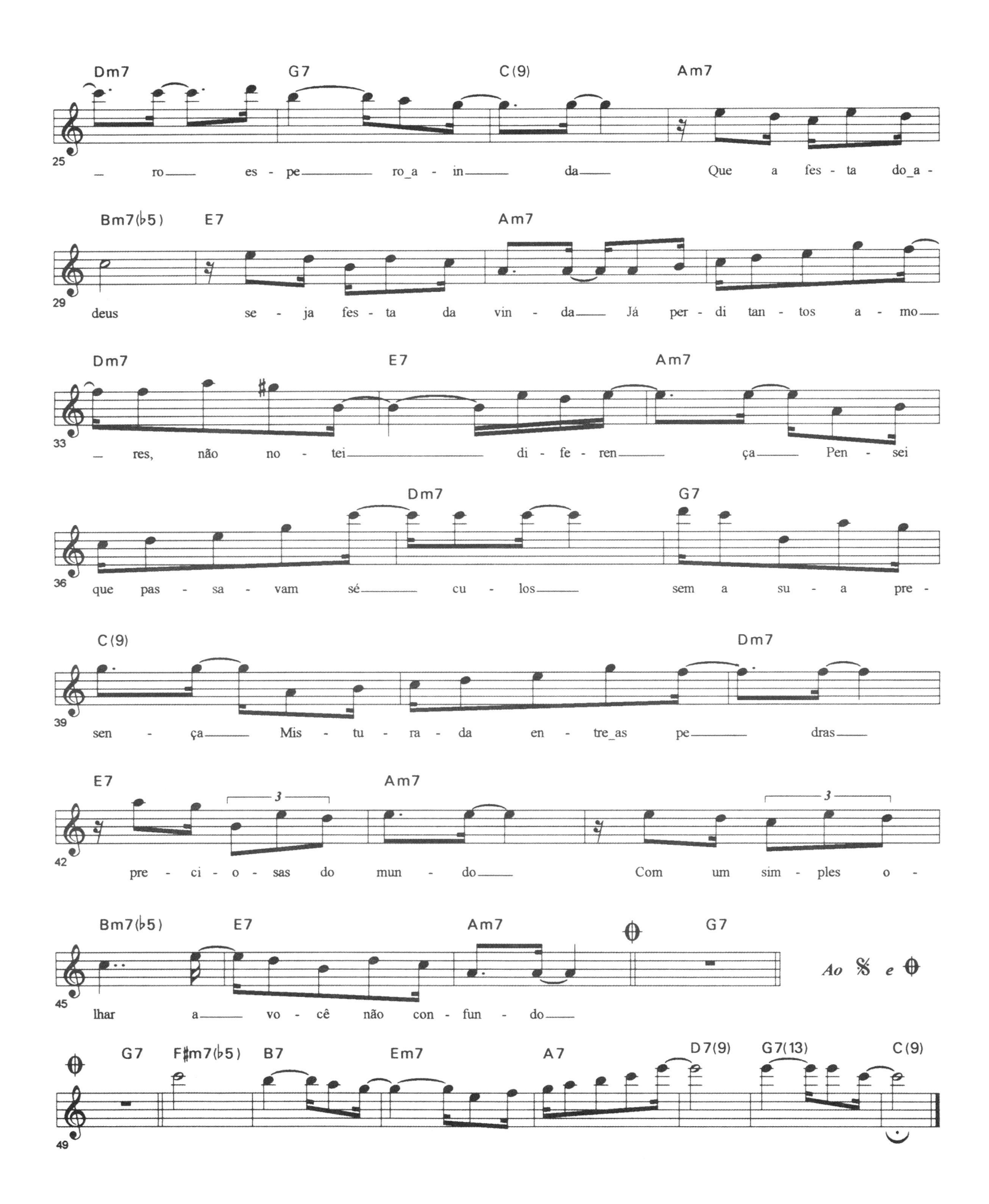

Ensaboa mulata

CARTOLA

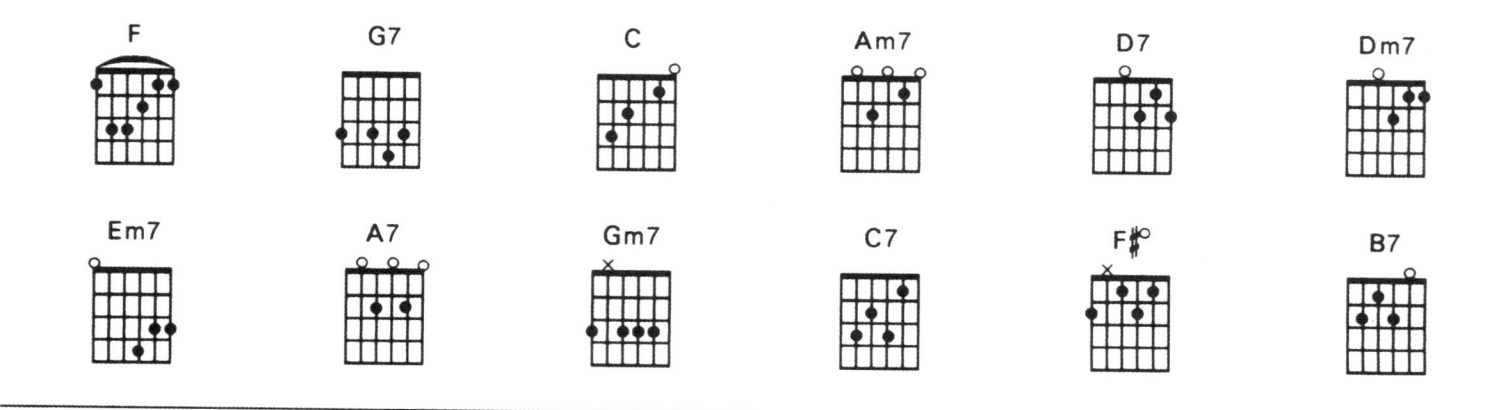

Introdução: F - G7 - C - Am7 - D7 - G7 - C

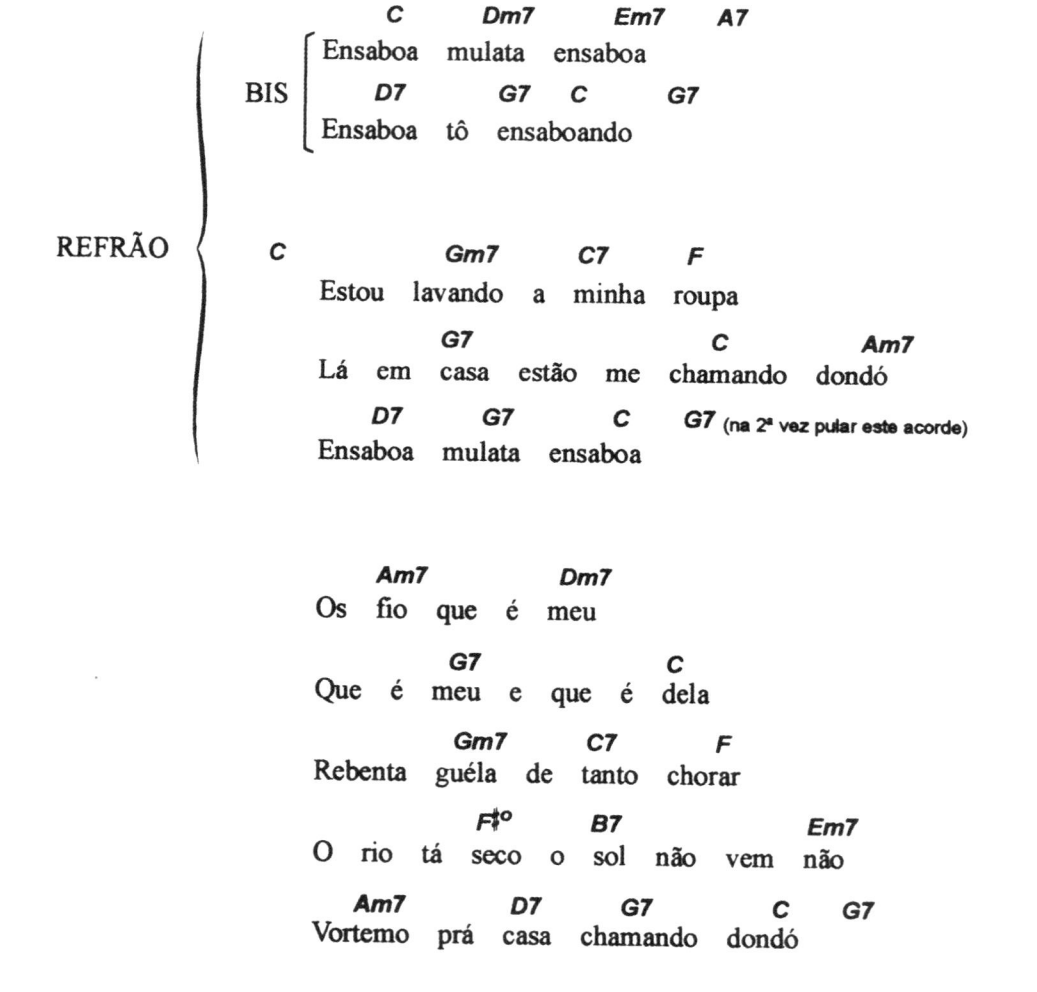

REFRÃO
BIS
```
         C      Dm7     Em7    A7
     Ensaboa  mulata  ensaboa
         D7      G7     C     G7
     Ensaboa   tô   ensaboando
```

```
     C          Gm7    C7    F
   Estou  lavando  a  minha  roupa
                G7            C       Am7
   Lá  em  casa  estão  me  chamando  dondó
        D7      G7     C     G7  (na 2ª vez pular este acorde)
   Ensaboa  mulata  ensaboa
```

```
       Am7          Dm7
   Os  fio  que  é  meu
              G7          C
   Que  é  meu  e  que  é  dela
           Gm7    C7    F
   Rebenta  guéla  de  tanto  chorar
              F#º     B7           Em7
   O  rio  tá  seco  o  sol  não  vem  não
       Am7     D7    G7      C    G7
   Vortemo  prá  casa  chamando  dondó
```

Ensaboa mulata

bo-a mu-la-ta en-sa-bo-a En-sa-bo-a tô en-sa-bo-an-do Ha En-sa-bo-a mu-la-ta en-sa-bo-a En-sa-bo-a tô en-sa-bo-an-do Es-tou la-van-do_a mi-nha rou-pa Lá em ca-sa es-tão me cha-man-do don-dó En-sa-bo-a mu-la-ta_en-sa-bo-a En-sa-pa Lá em ca-sa es-tão me cha-man-do don-dó En-sa-bo-a mu-la-ta_en-sa-bo-a Os fi-o que_é meu Que_é meu e que_é de-la Re-ben-ta gu-é-la de tan-to cho-rar O ri-o tá se-co o sol não vem não Vor-te-mo prá ca-sa cha-man-do don-dó En-sa-bo-a En-sa-bo-a mu-la-ta_en-sa

Ao 𝄋 2 vezes c/ rep. e ⊕

FADE OUT

© Copyright 1976 by EDIÇÕES MUSICAIS TAPAJÓS LTDA (100%).
Todos os direitos autorais reservados para todos os países.
ALL RIGHTS RESERVED. INTERNATIONAL COPYRIGHT SECURED.

Minha

CARTOLA

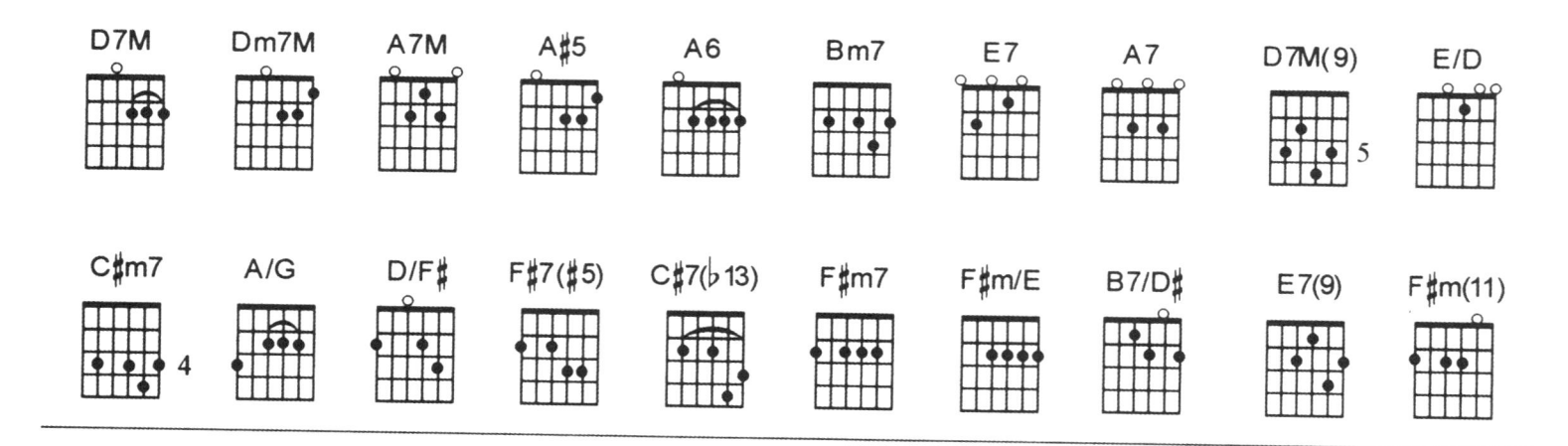

Introdução: D7M - Dm7M - A7M - A#5 - A6 - A#5 - A7M - Bm7 - E7 - A6 - A7

```
D7M(9)    E/D
Minha
                        C#m7      A/G
Quem  disse  que  ela  foi  minha?
               D/F#      Bm7
Se  fosse  seria  rainha
            F#7(#5)         Bm7      A7
Que  sempre  vinha  aos  sonhos  meus
D7M(9)    E/D
Minha
                     C#m7   C#7(b13)  F#m7
Ela  não  foi  um  só  instan____te
         F#m7/E       B7/D#     B7
Como  mentiam  as  cartomantes
            F#m7(11)         Bm7
Como  eram  falsas  as  bolas  de  cristal
B7/D#   E/D
Minha
                     C#m7  A/G
Repete  agora  esta  cigana
            A7          D7M
Lembrando  fatos  envelhecidos
     Bm7         E7(9)      A6            (A7   para repetir)
Que  já  não  ferem  mais  os  meus  ouvidos
```

Minha

Lyrics:
Mi - nha___ Quem di - se que e___ la foi___ mi___ nha___ Se fos - se se___ ri - a ra - i___ nha___ Que sem - pre vi___ nha aos so - nhos meus___

© Copyright 1976 by BMG MUSIC PUBLISHING BRASIL LTDA (100%).
Todos os direitos autorais reservados para todos os países.
ALL RIGHTS RESERVED. INTERNATIONAL COPYRIGHT SECURED.

Lyrics

Mi - nha___ e - la não foi___ um só ins - tan - te___

Co - mo men - ti - am as car - to - man - tes___

Co - me e - ram fal - sas as bo - las de cris - tal___

Mi - nha___ Re - pe - te a - go - ra es - ta ci - ga - na___

Lem - bran - do fa - tos en - ve - lhe - ci - dos___

Que já___ não fe - rem ma - is___ os meus___ ou - vi - dos

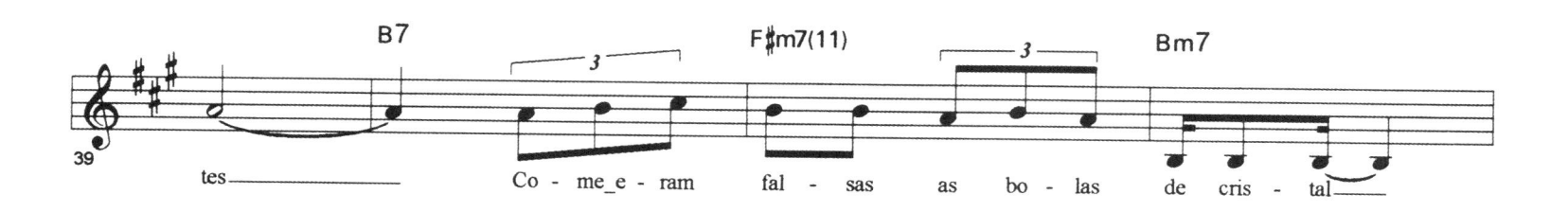

ou - vi - dos

Ao % e ⊕

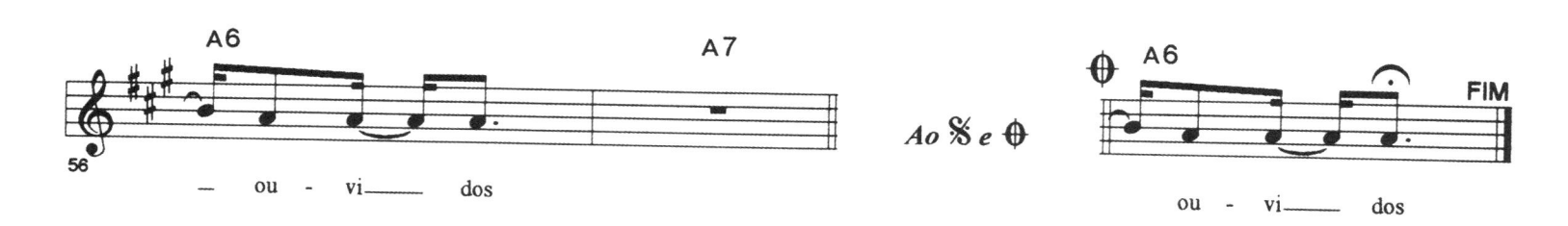

FIM

O mundo é um moinho

CARTOLA

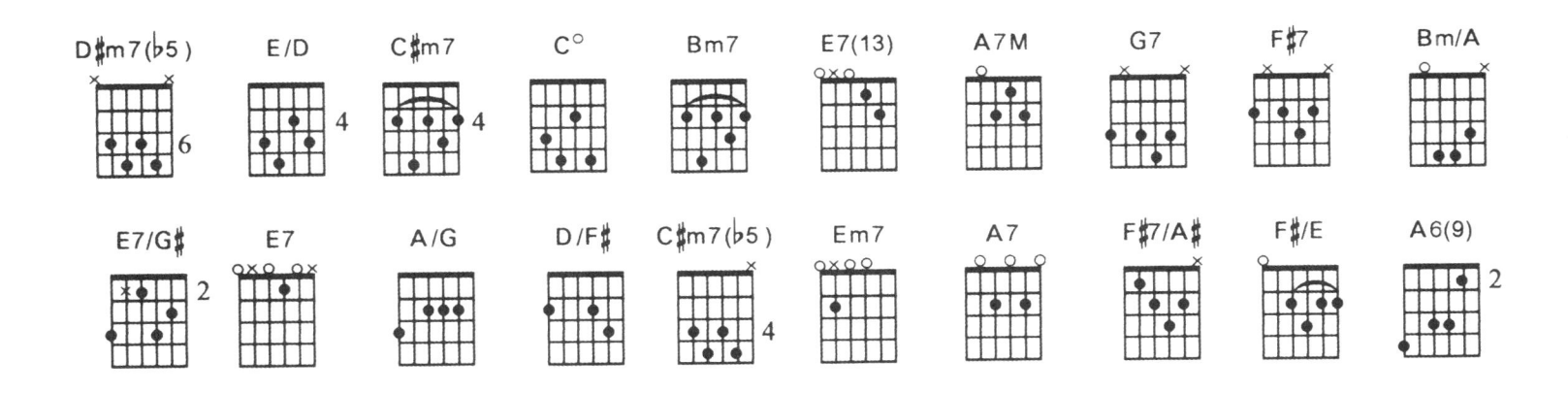

Introdução: D#m7(b5) - E/D - C#m7 - C° - Bm7 - E7(13) - A7M - G7

```
F#7         Bm7          Bm/A
Ainda  é  cedo  amor
         E7/G#    E7        C#m7
Mal  começaste  a  conhecer  a  vida
      A6(9)    A/G        D/F#
Já  anuncias  a  hora  de  partida
         Bm7             E7       C#m7(b5)  F#7
Sem  saber  mesmo  o  rumo  que  irás  tomar
     Bm7         Bm/A
Preste  atenção  querida
        E7/G#   E7         C#m7
Embora  saiba  que  estás  resolvida
        A6(9)        A/G        D/F#
Em  cada  esquina  cai  um  pouco  a  tua  vida
     Bm7                          E7  Em7
E  em  pouco  tempo  não  serás  mais  o  que  és
```

```
A7        D#m7(b5)
Ouça-me  bem  amor
             E/D                     C#m7
Preste  atenção  o  mundo  é  um  moinho
         C°                       Bm7
Vai  triturar  teus  sonhos  tão  mesquinhos
           E7              F#7/A#     F#7
Vai  reduzir  as  ilusões  a  pó
    F#/E       D#m7(b5)
Preste  atenção  querida
             E/D                         C#m7
De  cada  amor  tu  herdarás  só  o  cinismo
            C°                         Bm7
Quando  notares  estás  a  beira  do  abismo
    E7                           A7M
Abismo  que  cavastes  com  teus  pés...
```

O mundo é um moinho

D/F♯ Bm7 E7
vi - da E_em pou - co tem - po não se - rás mais o que és
Em7 A7 2º 𝄋 D♯m7(♭5) E/D
Ou - ça - me bem a - mor Pres - te_a - ten - ção o mun - do é um mo -
C♯m7 C° Bm7
i - nho Vai tri - tu - rar teus so - nhos tão mes - qui - nhos Vai re - du -
E7 F♯7/A♯ F♯7 F♯/E D♯m7(♭5)
zir as i - lu - sões a pó Pres - te_a - ten - ção que - ri - da De ca - da_a -
E/D C♯m7
mor tú her - da - rás só o ci - nis - mo Quan - do no -
C° Bm7
ta - res es - tás a bei - ra do a - bis - mo A -
E7 A7M G7 F♯7 2º A7M
bis - mo que ca - vas - tes com teus pés A - in - da_é pés
G7 F♯7
Ao 𝄋 e 𝄌 2º 𝄋 em solo de Flauta e 2º 𝄌
2º A7M

O inverno do meu tempo

CARTOLA e
ROBERTO NASCIMENTO

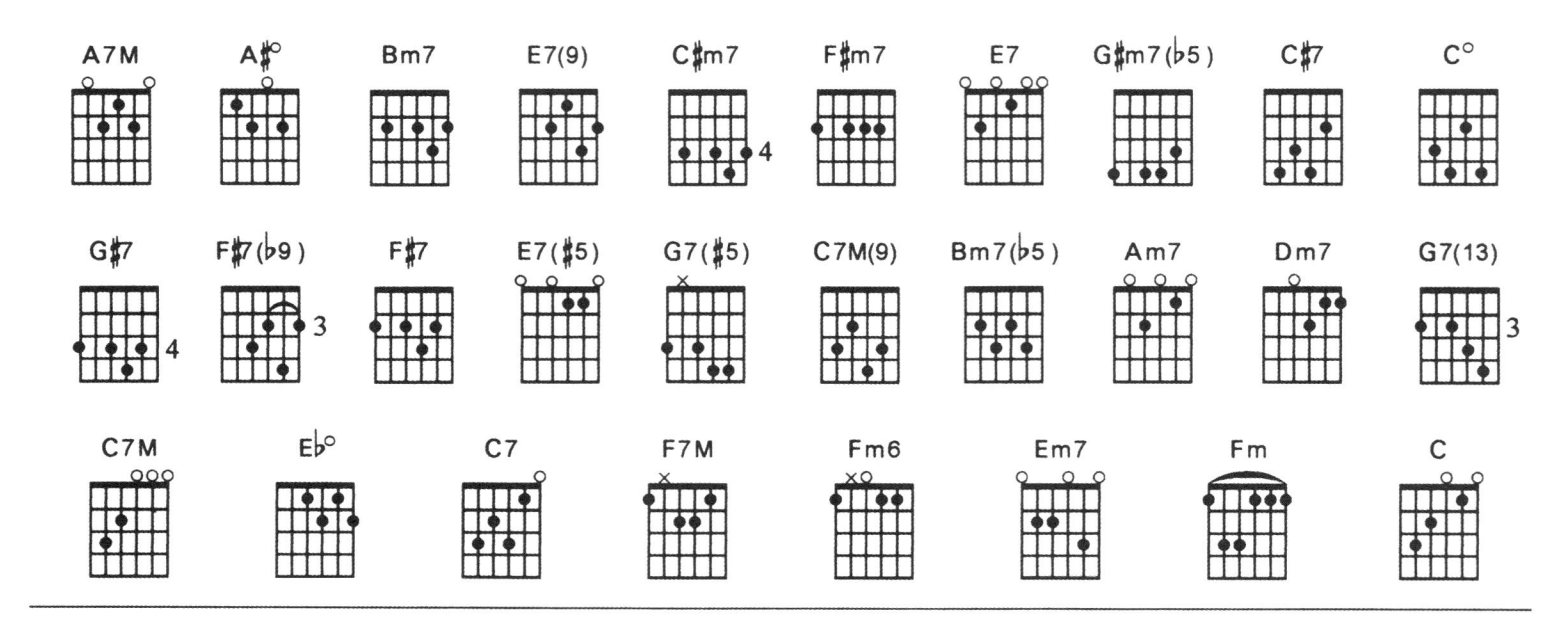

Introdução: **A7M - A#º - Bm7 - E7(9) - C#m7 - F#m7 - Bm7 - E7**

A7M   G#m7(b5)   C#7   F#m7
Surge a alvora____da
          Bm7
Folhas a voar
          E7   C#m7
E o inverno do meu tempo
   Cº   Bm7   C#7
Começa a brotar a minar
          F#m7   G#7
E os sonhos do passado
          C#m7   F#7(b9)
Do passado estão presentes
   Bm7 F#7   Bm7
E o amor que não envelhece jamais
            E7(#5)   G7(#5)   C7M(9)   Bm7(b5)
Eu tenho paz... E ela tem paz
	E7 Am7 Dm7
	Nossas vidas muito sofridas
	   G7(13) C7M(9) Ebº
	Caminhos tortuosos entre flores
	       Dm7 G7(13) C7 F7M
	E espinhos demais
	                       Fm6
	Já não sinto saudades
	          Em7 Am7
	Saudades de nada que vi
	          Dm7 G7(13)
	No inverno do tempo da vida
	                    C7M Fm C E7
	Oh! Deus eu me sinto feliz
	              C7M(9) Fm C7M(9)
	Eu me sinto feliz

O Inverno do meu tempo

Surge a alvorada folhas a voar E o inverno do meu tempo Começa a brotar a minar E os sonhos do passado do passado estão presentes E o amor Que não envelhece jamais Eu tenho paz e ela tem paz Nossas vidas muito sofridas caminhos tortuosos Entre flores e espinhos demais Já não sinto saudades Saudades de nada que vi no inverno do tempo da vida Oh! Deus Eu me sinto feliz

Ao 𝄋 e 𝄌

sinto feliz

© Copyright 1977 by IRMÃOS VITALE S.A. IND. e COMÉRCIO (100%).
Todos os direitos autorais reservados para todos os países.
ALL RIGHTS RESERVED. INTERNATIONAL COPYRIGHT SECURED.

O sol nascerá

CARTOLA e
ELTON MEDEIROS

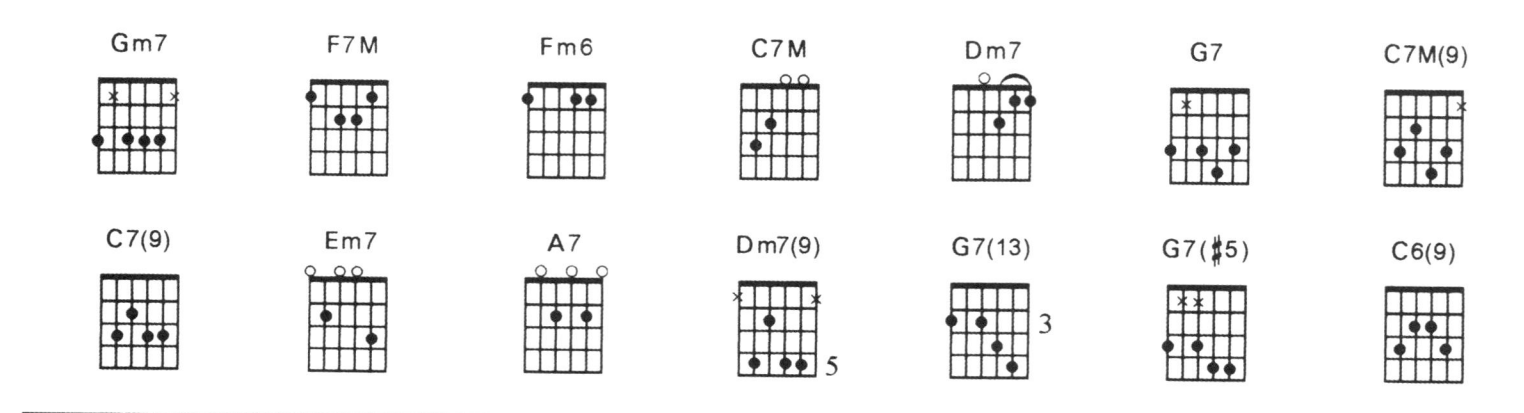

Introdução: **Gm7 - C7(9) - F7M - Fm6 - C7M - Dm7 - G7**

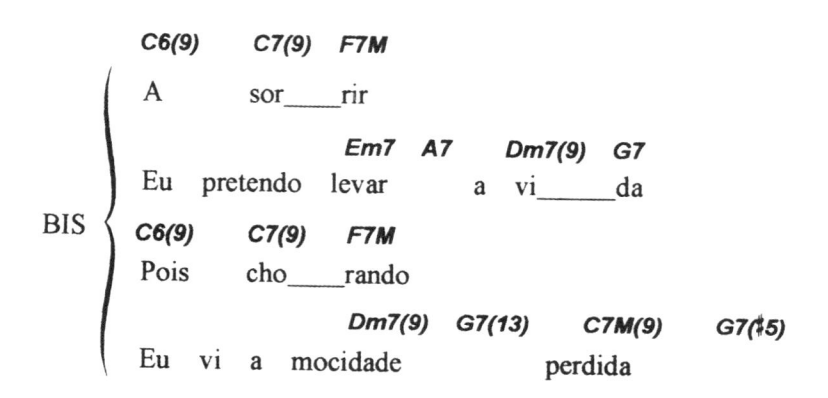

BIS {
    C6(9)   C7(9) F7M
    A   sor____rir

                Em7 A7   Dm7(9) G7
    Eu pretendo levar   a vi_____da

    C6(9)   C7(9) F7M
    Pois   cho____rando

                Dm7(9) G7(13)   C7M(9)   G7(#5)
    Eu vi a mocidade   perdida
}

Gm7   **C7(9)**
Finda a tempestade

F7M
O sol nascerá

Fm6
Finda esta saudade

      C7M(9)   **Dm7**   **G7**
Hei de ter outro alguém para amar

O sol nascerá

♩ = 92

Solo Violão

(Lyrics:)

A sor - rir _____ Eu pre ___ ten - do le - var _____ a vi ___ da Pois cho ___ ran ___ do ___ Eu vi ___ _ a mo - ci - da _____ de _____ per - di - da _____

Fin - da a tem - pes - ta _____ de _____ O sol nas - ce - rá _____ Fin - da_es - ta sau - da _____ _ de Hei - de ter ou - tro_al - guém pa - ra_a - mar

Ao 𝄋 e 𝄌 (Fade out)

© Copyright 1976 by EDIÇÕES EUTERPE LTDA (100%).
Todos os direitos autorais reservados para todos os países.
ALL RIGHTS RESERVED. INTERNATIONAL COPYRIGHT SECURED.

Peito vazio

CARTOLA e
ELTON MEDEIROS

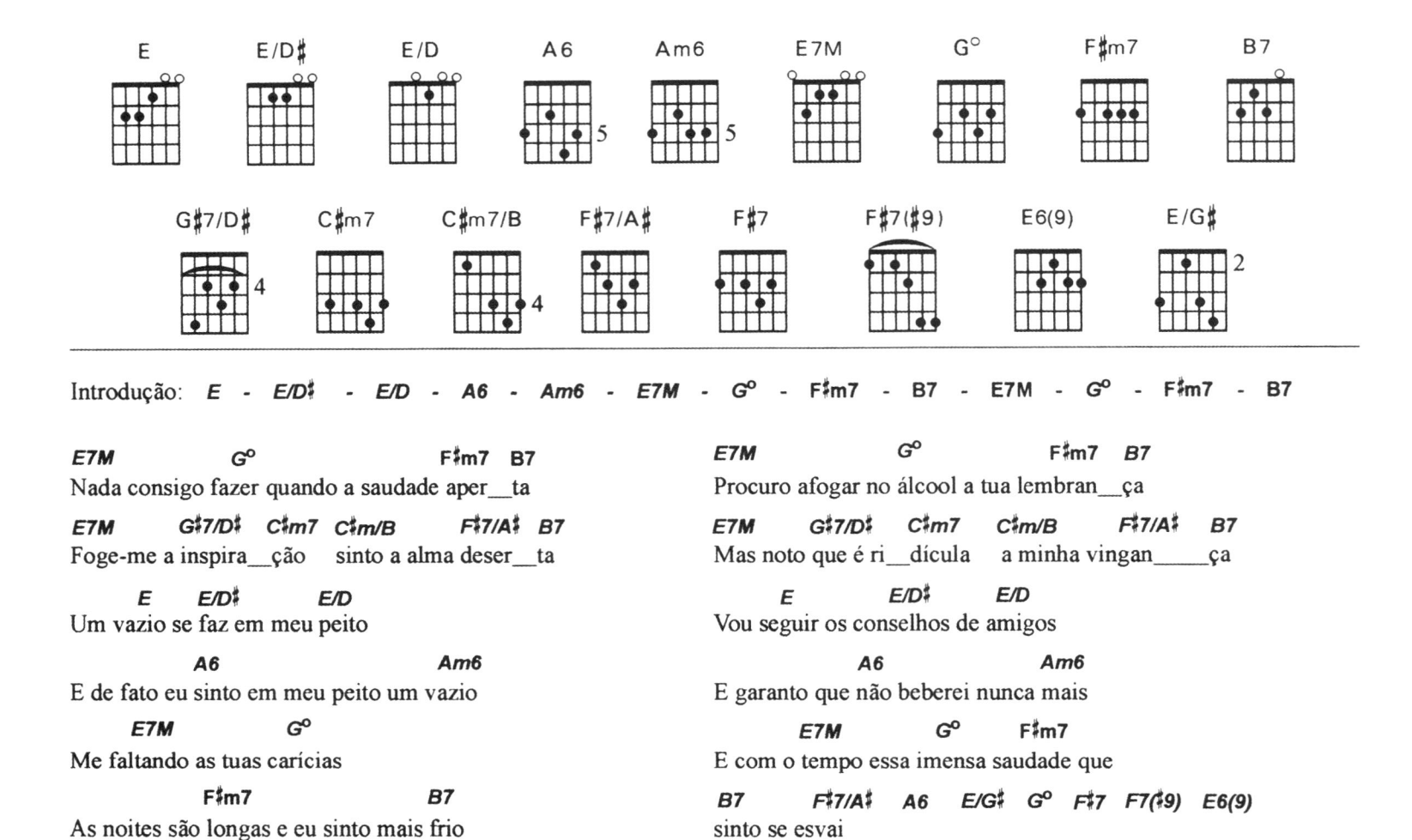

Introdução: E - E/D# - E/D - A6 - Am6 - E7M - G° - F#m7 - B7 - E7M - G° - F#m7 - B7

E7M	G°		F#m7 B7

E7M ... **G°** ... **F#m7 B7**
Nada consigo fazer quando a saudade aper__ta

E7M ... **G#7/D#** **C#m7** **C#m/B** ... **F#7/A#** **B7**
Foge-me a inspira__ção   sinto a alma deser__ta

E **E/D#** **E/D**
Um vazio se faz em meu peito

A6 **Am6**
E de fato eu sinto em meu peito um vazio

E7M **G°**
Me faltando as tuas carícias

F#m7 **B7**
As noites são longas e eu sinto mais frio

E7M **G°** **F#m7 B7**
Procuro afogar no álcool a tua lembran__ça

E7M **G#7/D#** **C#m7** **C#m/B** **F#7/A#** **B7**
Mas noto que é ri__dícula   a minha vingan____ça

E **E/D#** **E/D**
Vou seguir os conselhos de amigos

A6 **Am6**
E garanto que não beberei nunca mais

E7M **G°** **F#m7**
E com o tempo essa imensa saudade que

B7 **F#7/A#** **A6** **E/G#** **G°** **F#7** **F7(#9)** **E6(9)**
sinto se esvai

Peito vazio

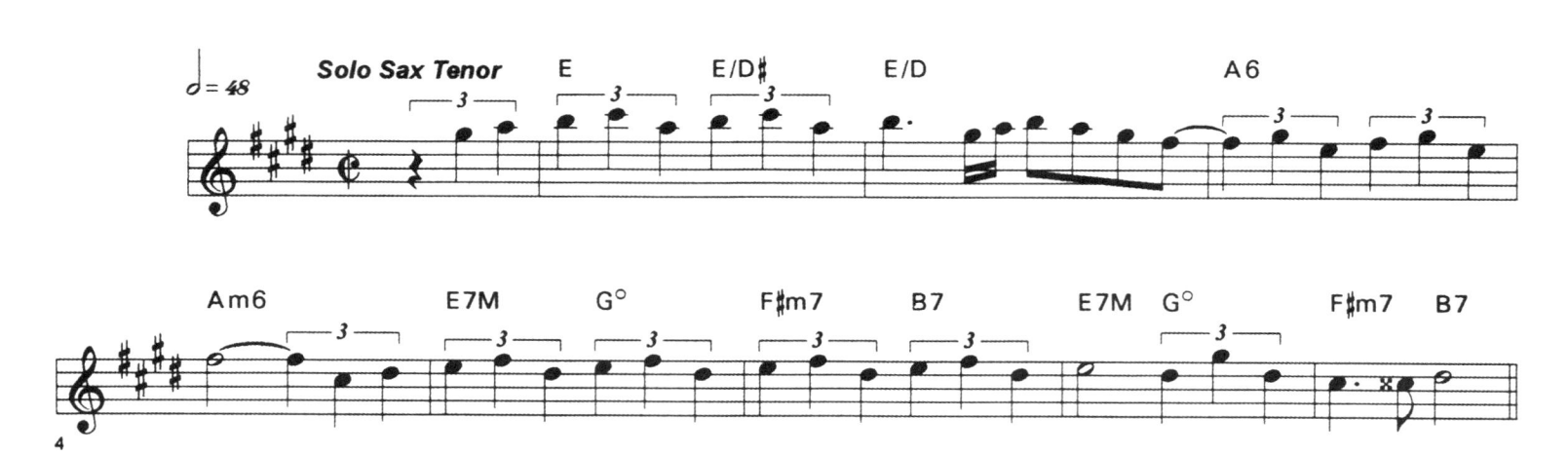

♩ = 48 Solo Sax Tenor

© Copyright 1976 by BMG MUSIC PUBLISHING BRASIL LTDA (100%).
Todos os direitos autorais reservados para todos os países.
ALL RIGHTS RESERVED. INTERNATIONAL COPYRIGHT SECURED.

| E7M | G° | F#m7 B7 | E7M | G#7/D# |

Na - da___ con - si - go fa - zer quan - do_a sau - da - de_a - per - ta Fo - ge - me_a ins - pi - ra -

| C#m7 C#m/B | F#7/A# B7 | E E/D# E/D |

ção___ sin - to_a al - ma de - ser - ta__ Um va - zi - o se faz em meu pei - to___ E de fa - to eu

| A6 | Am6 | E7M | G° |

sin - to_em meu pei - to_um va - zi - o___ Me fal - tan - do as tu - as ca - rí - cias___ As noi - tes são

| F#m7 B7 | E7M | G° |

lon - gas___ e_eu sin - to mais fri - o Pro - cu - ro a - fo - gar no ál - cool___ a tu - a lem -

| F#m7 B7 | E7M G#7/D# | C#m7 C#m/B | F#7/A# B7 |

bran - ça mas no - to que é ri - dí - cu - la___ a mi - nha vin - gan - ça___ Vou se -

| E E/D# E/D | A6 | Am6 |

guir os con - se - lhos de_a - mi - gos___ E ga - ran - to que não be - be - rei nun - ca mais E com_o

| E7M G° | F#m7 B7 | F#7/A# A6 E/G# G° F#7 F7(#9) E6(9) |

tem - po_es - sa_i - men - sa sau - da - de que sin - to se_es vai___

Preconceito

CARTOLA

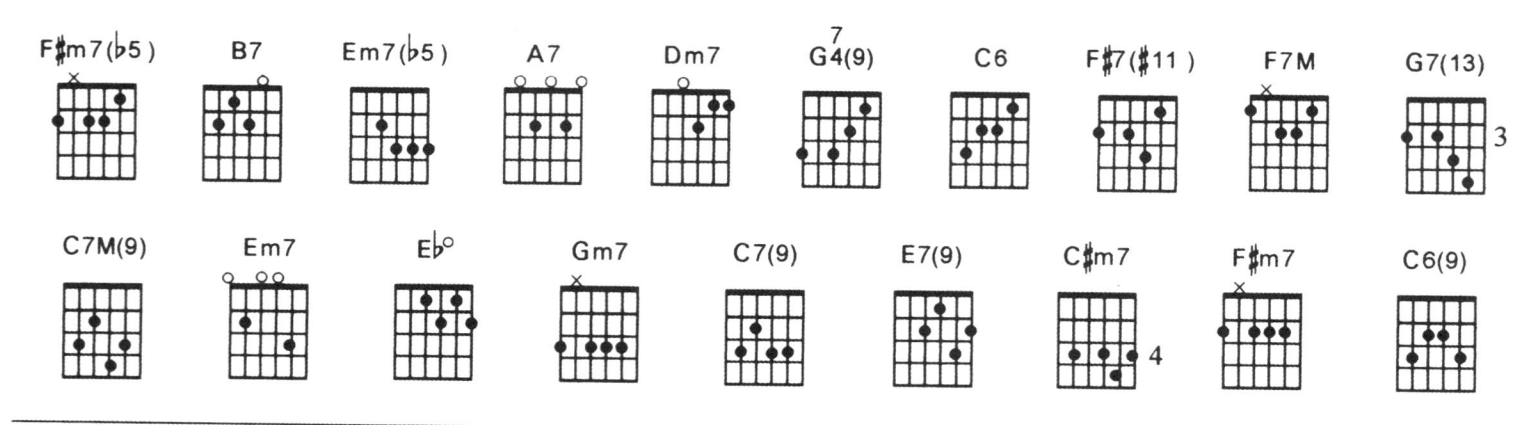

Introdução: F#m7(b5) - B7 - Em7(b5) - A7 - Dm7 - G4⁷(9) - C6 - F#7(#11)

F7M   **G7(13)**
Crime é mais que um crime
         C7M(9)   **Em7**
É desumanidade esta perseguição
    A7   **Dm7**
É o cúmulo da maldade
      G7(13)   **C7M(9)**
Se todo mundo sabe que nós nos casaremos
    Eb°   **Dm7**   **Gm7**   **C7(9)**
Quer queiram quer não...
F7M   **G7(13)**
Oh! Maldito preconceito
        C7M(9)
Afasta-te não há jeito
        F#m7(b5)   **B7**
Aqui nada conseguirás
   E7(9)   **C#m7**   **F#m7**
Porque recebemos dos céus
    B7   **E7(9)**
A benção de Jesus
              Em7(b5)
Que é mensagem de paz
    A7   **Dm7(9) G7**   **Em7(b5)**   **A7**
Nosso amor não a__ca____ba mais
      Dm7   **G7**   **C6(9)**
Viveremos sempre em paz...

Preconceito

Solo Clarinete

Crime é mais que um crime
É desumanidade esta perseguição
É o cúmulo da maldade
Se todo mundo sabe que nós nos casaremos
Quer queiram quer não...

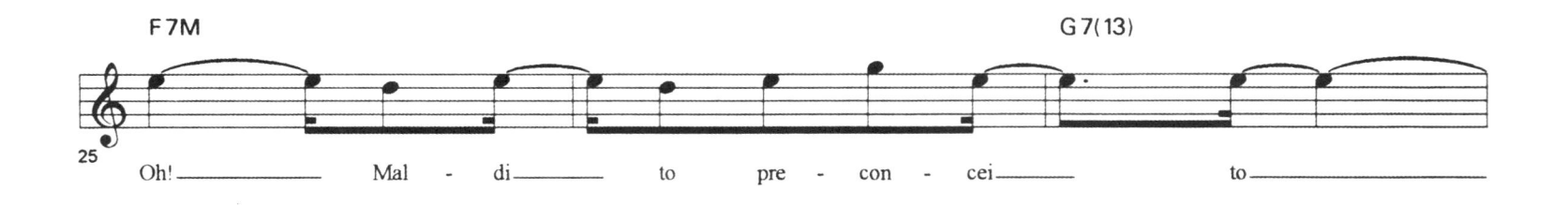

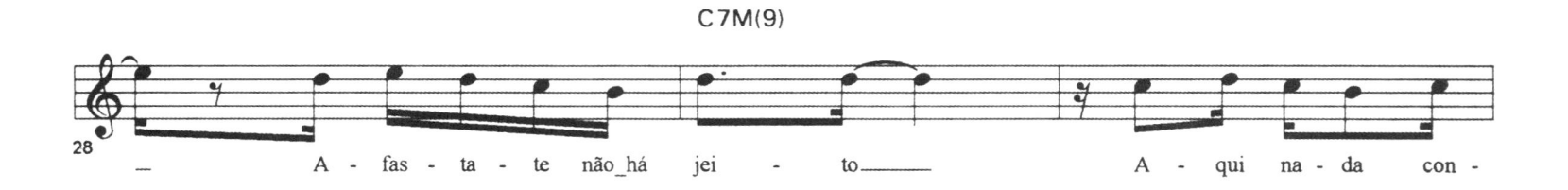

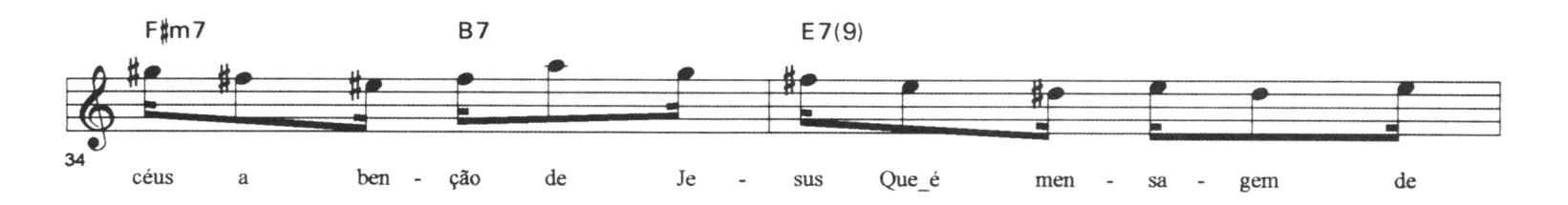

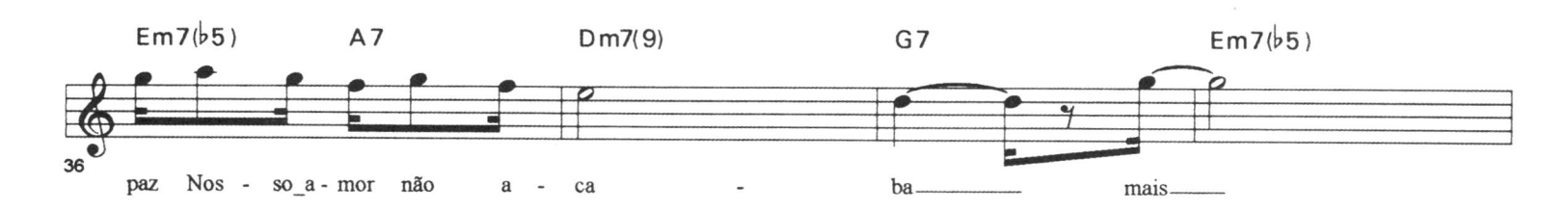

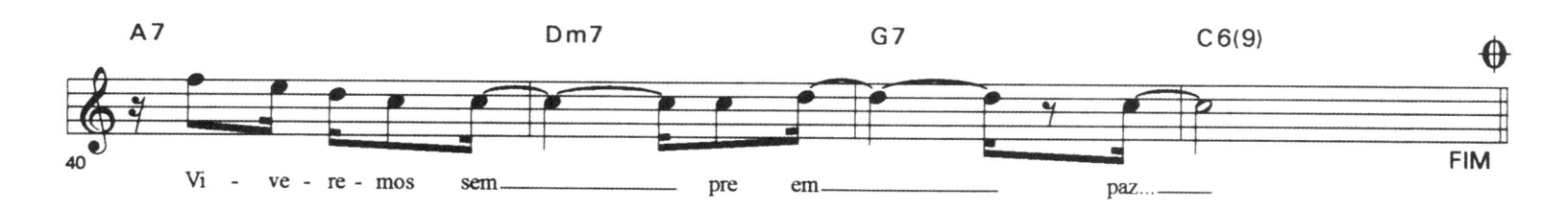

F7M ... **G7(13)**
Oh!___ Mal - di___ to pre - con - cei___ to___

C7M(9)
___ A - fas - ta - te não há jei - to___ A - qui nada con -

F#m7(b5) ... **B7** ... **E7(9)** ... **C#m7**
se - gui - rás___ Por - que___ re - ce - be - mos dos

F#m7 ... **B7** ... **E7(9)**
céus a ben - ção de Je - sus Que é men - sa - gem de

Em7(b5) ... **A7** ... **Dm7(9)** ... **G7** ... **Em7(b5)**
paz Nos - so amor não a - ca - ba___ mais___

A7 ... **Dm7** ... **G7** ... **C6(9)**
Vi - ve - re - mos sem___ pre em___ paz...___ FIM

C6(9) ... **C6(9)**
Ao 𝄋 e 𝄌   D.C. 2ª 𝄋 ATÉ O FIM

Quem me vê sorrindo

CARTOLA

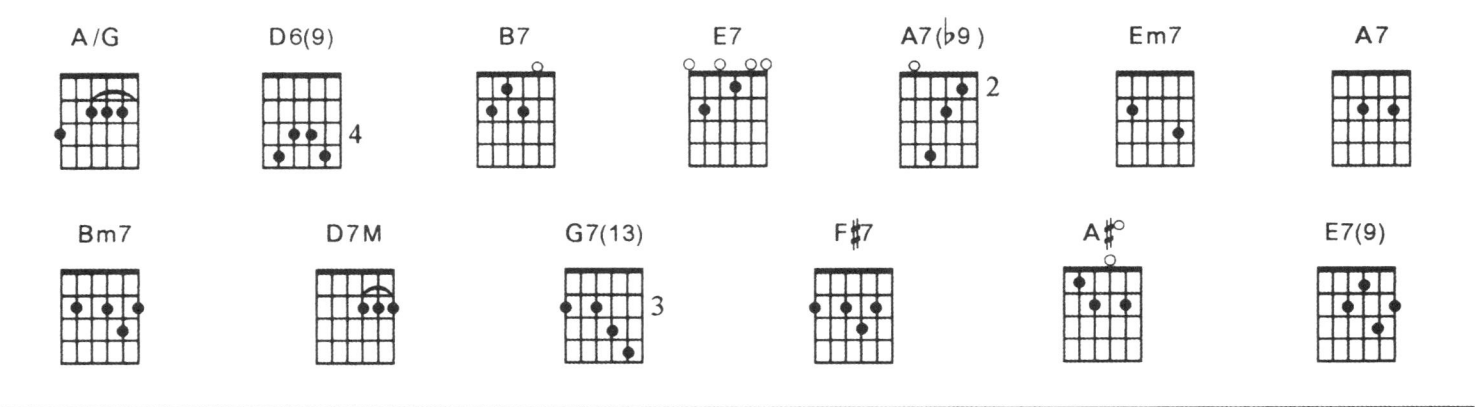

Introdução: **Em7 - A/G - D6(9) - B7 - E7 - A7(♭9) - D6(9)**

A
B7   Em7
Quem me vê sorrindo
A7   D6(9)
Pensa que estou alegre
Bm7   Em7   A7   D7M G7(13)
O meu sorriso é por consolação
*   F#7 A#º   Bm7 E7*
Porque sei conter para ninguém ver
A7   E7(9)   A7
O pranto do meu coração

*   Em7   A7   D7M Bm7*
O que eu verti por este amor talvez
Em7   G7(13)   F#7
Não compreendestes e se eu disser não crês
*   G7(13)   A/G   D6(9)   Bm7*
Depois de derramado ainda soluçando
* Em7   A7   D6(9)*
Tornei-me alegre estou cantando

A
B7   Em7
Quem me vê sorrindo...

*   Em7   A7   D7M Bm7*
Compreendi o erro de toda a humanidade
Em7   G7(13)   F#7
Uns choram por prazer, outros com saudade
* G7(13)   A/G   D6(9)   Bm7*
Jurei a minha jura, jamais eu quebrarei
* Em7   A7   D6(9)*
Todo o pranto esconderei

Quem me vê sorrindo

Quem me vê sor - rin - do / Pen - sa que es - tou a - le - gre / O meu sor - ri - so é por - con - so - la - ção / Por - que sei con - ter - pa - ra nin - guém ver / O pran - to do meu co - ra - ção

| A7 | Em7 | A7 |

O que eu ver - ti por es - te a mor_____ tal vez
Com - pre - en - di o er - ro de to - da hu - ma - ni - da

| D7M | Bm7 | Em7 | G7(13) |

_ de_____ Não com - pre - en - des_____ tes e se eu
_ Uns cho - ram por pra - zer e ou - tros com

| F#7 | G7(13) |

_ dis - ser não crês_____ De - pois_____ de der - ra - ma
_ sau - da de Ju - rei e a mi - nha ju

| A/G | D6(9) | Bm7 |

_ do A - in_____ da so - lu - çan_____ do Tor - nei
_ ra, ja - mais_____ eu que - bra - rei_____ To

| Em7 | A7 | D6(9) |

_ me_a - le - gre_es - tou_____ can - tan_____ do   Ao % e ⊕
_ do_o pran - to_es - con_____ de - rei

| Bm7 | Em7 | A/G | D6(9) |

| B7 | E7 | A7(♭9) | D6(9) |

Sei chorar

CARTOLA

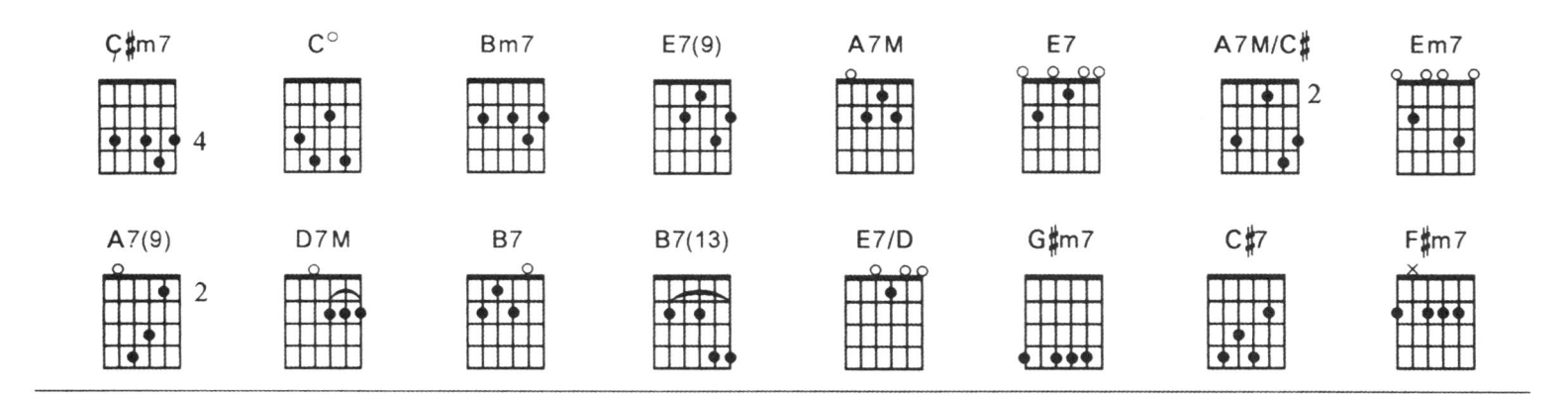

Introdução: C#m7 - C° - Bm7 - E7(9) - A7M - E7

A7M/C#   **C°**   **Bm7**
Sei   (ei)   chorar
      E7(9)   **A7M**   **C°**   **Bm7**
Eu também já sei sentir   (ir) a dor
            E7(9)   **Em7**   **A7(9)**   **D7M**
Estou cansado de ouvir di____zer
                  B7   **B7(13)**   **Bm7**   **E7**   **E7/D**
Que aprende-se a sofrer no a____mor
Bm7   **E7**   **Bm7**
Hoje eu choro
   E7   **G#m7**   **C#7**
Que a mulher que adoro
   F#m7   **C#m7**   **F#7**
Talvez caiu nos braços de outro
   Bm7
Sorrindo
                 E7(9)
Repete as mesmas promessas
    A7M   **E7(9)**
Mentindo chorava

REFRÃO

E7   **Bm7**   **E7**   **Bm7**
Fui   ilu__dido
   E7   **G#m7**   **C#7**   **F#m7**
Sim pela primeira vez no amor
                      C#m7   **F#7**   **Bm7**
E quase sempre seu nome re____pito
                      E7(9)   **A7M**
Em cada frase que espio de dor
          E7
(Sei chorar)

Sei chorar

Solo Trombone

Se - ei cho - rar Eu tam - bém já sei sen - tir a dor Es - tou can - sa - do de ou - vir di - zer Que a - pren - de - se_a so - frer no_a mor

Ho - je eu cho - ro Que a mu - lher que_a do

© Copyright 1973 by EDIÇÕES MUSICAIS TAPAJÓS LTDA (100%).
Todos os direitos autorais reservados para todos os países.
ALL RIGHTS RESERVED. INTERNATIONAL COPYRIGHT SECURED.

Sheet music

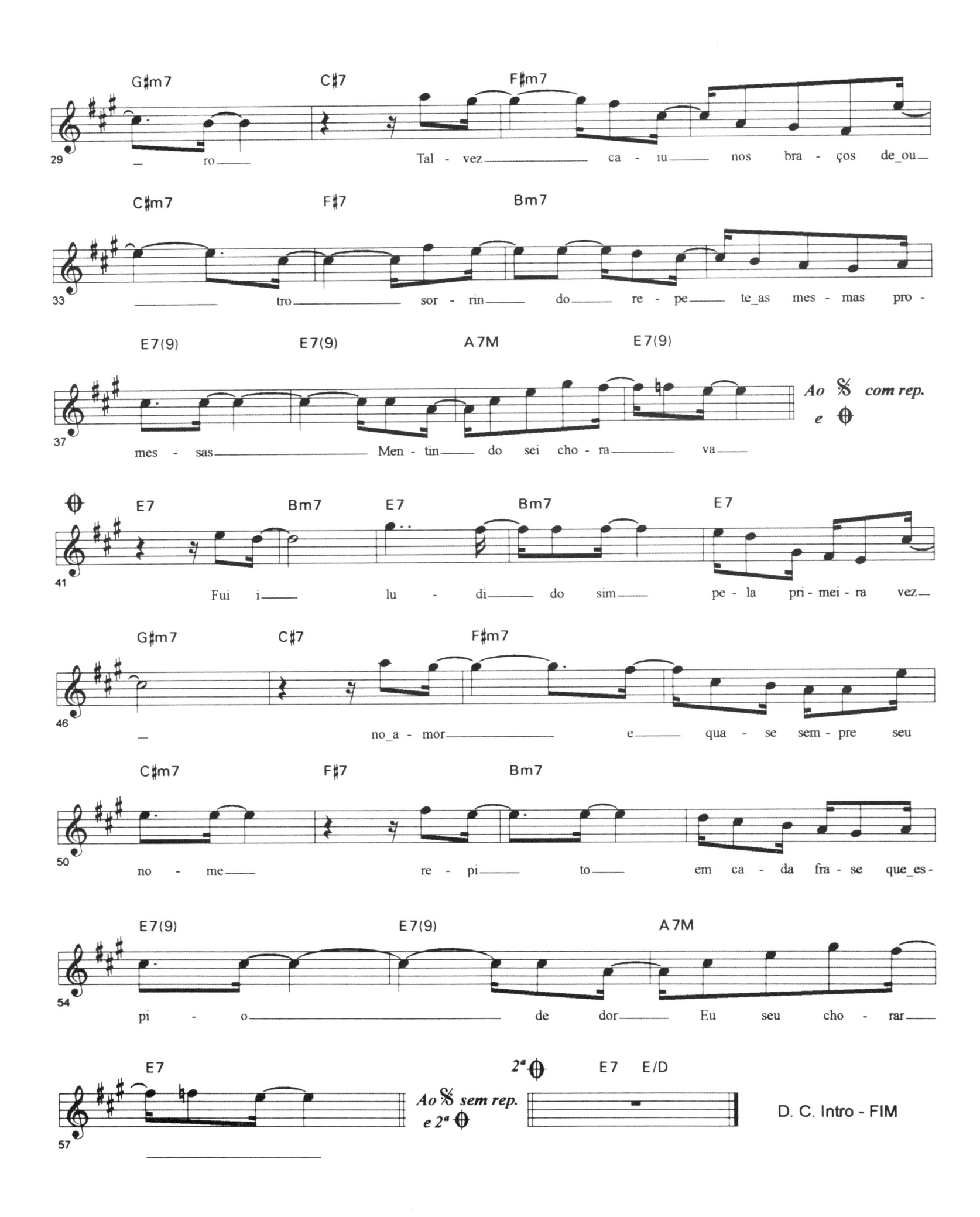

m. 29 (G#m7) — ro___
m. 30 (C#7)
m. 31 (F#m7) Tal- vez___ ca- iu nos bra- ços de ou-
m. 33 (C#m7) — tro___
m. 34 (F#7) sor- rin___ do___
m. 35 (Bm7) re- pe- te as mes- mas pro-
m. 37 (E7(9)) mes- sas___
m. 38 (E7(9)) Men- tin___ do sei cho- ra___ va___
m. 39 (A7M)
m. 40 (E7(9)) *Ao 𝄋 com rep. e ⊕*
m. 41 ⊕ (E7) Fui i___ lu- di- do sim___
m. 43 (Bm7) (E7) pe- la pri- mei- ra vez
m. 44 (Bm7) (E7)
m. 46 (G#m7) no a- mor___
m. 47 (C#7)
m. 48 (F#m7) e___ qua- se sem- pre seu
m. 50 (C#m7) no- me___
m. 51 (F#7) re- pi___ to___
m. 52 (Bm7) em ca- da fra- se que es-
m. 54 (E7(9)) pi- o___
m. 55 (E7(9)) de dor___
m. 56 (A7M) Eu seu cho- rar___
m. 57 (E7) *Ao 𝄋 sem rep. e 2ª ⊕*
m. 58 2ª ⊕ (E7) (E/D)

D. C. Intro - FIM

Sim

CARTOLA e
OSWALDO MARTINS

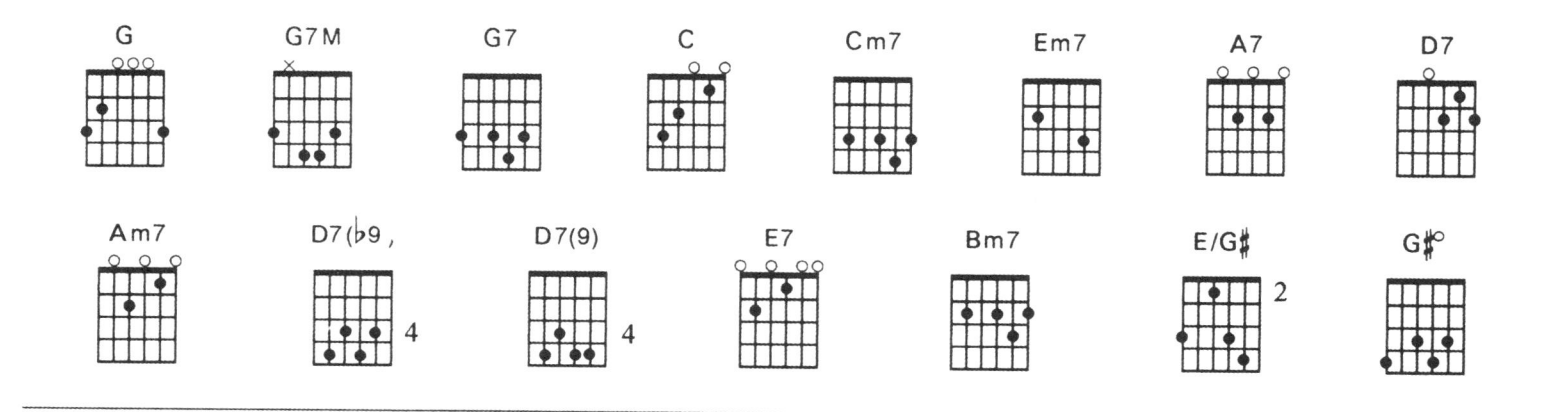

Introdução: G - G7M - G7 - C - Cm7 - G7M - Em - A7 - D7 - G7M - Em7 - Am7 - D7(b9)

```
    G7M                  Cm7        G7M
Sim... Deve  haver  o  perdão  para  mim
                          Cm7       G7M    D7(9)
Senão  nem  sei  qual  será  o  meu  fim
      G7M           G7           C             E7
Para ter  uma  companheira  até  promessas  fiz
      A7                        Am7         D7
Consegui um  grande  amor  mas  eu  não  fui  feliz
            G      G7M    G7           C
E  com  raiva  para  os  céus  os  braços  levantei
 Cm7      G7M    Em      A7  D7    G7M  Bm7  Am7  D7
Blasfemei... hoje  todos  são  con__tra     mim
       G7M         G#º              Am7        E/G#
Todos  erram  neste  mundo,  não  há  exceção
             Am7          D7       G7M
Quando  voltam  a  realidade  conseguem  perdão
E7              Am7
Porque  é  que  eu    Senhor
         Cm7          G7M       A7
Que  errei  pela  vez  primeira
D      Bm7       Em7
Passo  tantos  dissabores
A7      D7(9)               Am7         D7
E  luto  contra  a  humanidade  inteira?...
G7M                     Cm7
Sim... Deve  haver  o  perdão...
```

Sim

♩=72
Solo Violão

Sim... de-ve ha-ver o per-dão pa - ra mim... Se-não nem sei qual se - rá o meu fim Pa-ra ter u-ma com - pa-nhei - ra a - té pro-mes-sas fiz Con-se-gui um gran-de a-mor mas eu não fui fe-liz E com rai-va pa-ra os céus

© Copyright 1952 by **IRMÃOS VITALE S.A. IND. E COMÉRCIO LTDA (100%)**.
Todos os direitos autorais reservados para todos os países.
ALL RIGHTS RESERVED. INTERNATIONAL COPYRIGHT SECURED.

| G7 | | C | Cm | G7M | Em7 |

... os bra-ços le — van tei — Blas-fe-mei... Ho-je to-dos são

| A7 | D7(13) | G | Bm7 | Am7 D7 | Am7 D7 |

con — tra mim — | 1. | 2. To-dos

| G7M | G#° | Am7 | E/G# |

er-ram nes-te mun — do, não há ex-ce-ção — Quan-do

| Am7 | D7 | G7M | E7 |

vol-tam à re-a-li-da-de con-se — guem per-dão — Por-que é que eu —

| Am7 | Cm7 | G7M | A7 D | Bm7 |

— Se-nhor — Que_er-rei pe-la vez pri-mei — ra — Pas-so tan — tos dis-sa-

| Em7 A7 | D7 | Am7 D7 | |

bo-res — E lu-to pe-la hu-ma-ni-da-de_in-tei-ra — *Ao 𝄋 sem rep. e* 𝄌

| Am7 D7 | G7M | | Cm7 |

Sim... De-ve_ha-ver o per-dão

Tive sim

CARTOLA

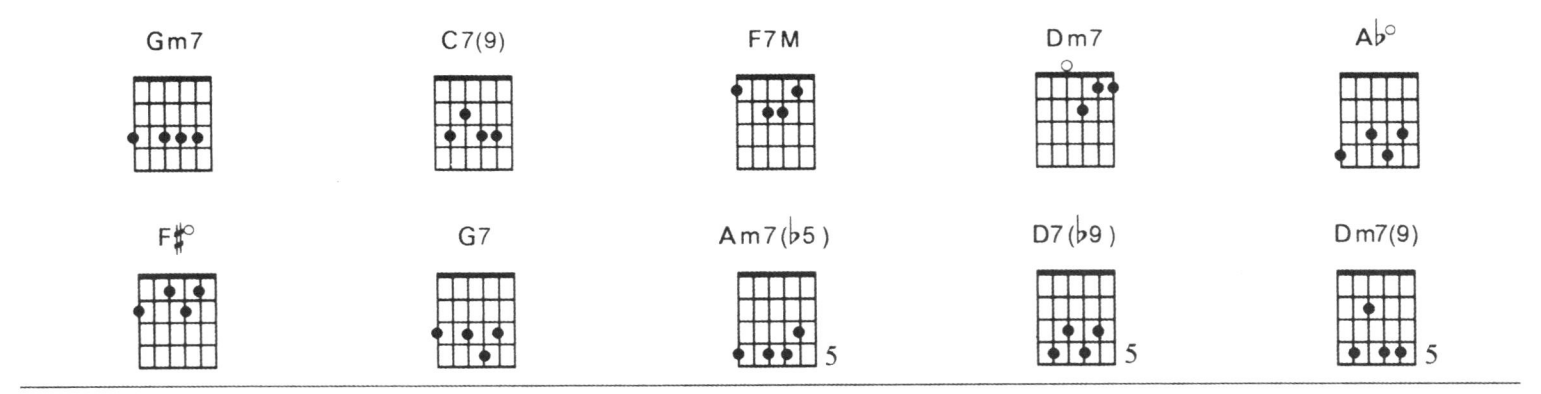

Introdução: **Gm7 - C7(9) - F7M - Dm7 - Gm7 - C7(9)** **(2 vezes)**

```
         F7M      F#°
Tive   sim
Gm7              C7(9)         F7M
Outro  grande  amor  antes  do  teu
                      Ab°
Tive   sim

O  que  ela  sonhava  eram  os  meus
Gm7           C7(9)                F7M
Sonhos  e  assim  íamos  vivendo  em  paz...
G7                    C7(9)
Nosso  lar  em  nosso  lar
             F7M    Gm7      C7(9)         F7M
Sempre  houve  alegria  eu  vivia  tão  contente
Am7(b5)   D7(b9)     Gm7      C7(9)
Como  contente  ao  teu  lado  estou
         F7M     F#°
Tive   sim
         Gm7        C7(9)
Mas  comparar  com  teu  amor
     F7M           Gm7            C7(9)
Seria  o  fim... Eu  vou  calar
              C7(9)         F7M   Dm7   Gm7   C7(9)
Pois  não  pretendo  amor  te  magoar
          Dm7(9)    Gm7     C7(9)          F7M
Ai...ai...ai...ai  pois  não  pretendo  amor  te  magoar...
```

Tive sim

- le-gri-a eu vi-vi-a tão con-ten-te
Co-mo con-ten-te ao teu la-do es-tou Ti-ve sim
Mas com-pa-rar com teu a-mor Se-ri-a o fim... Eu vou ca-lar
Pois não pre-ten-do_a-mor te ma-go-ar Ti-ve sim
go-ar ai ai ai ai Pois não pre-ten-do_a-mor te ma-

Repeat and Fade out

Verde que te quero rosa

CARTOLA
DALMO CASTELLO

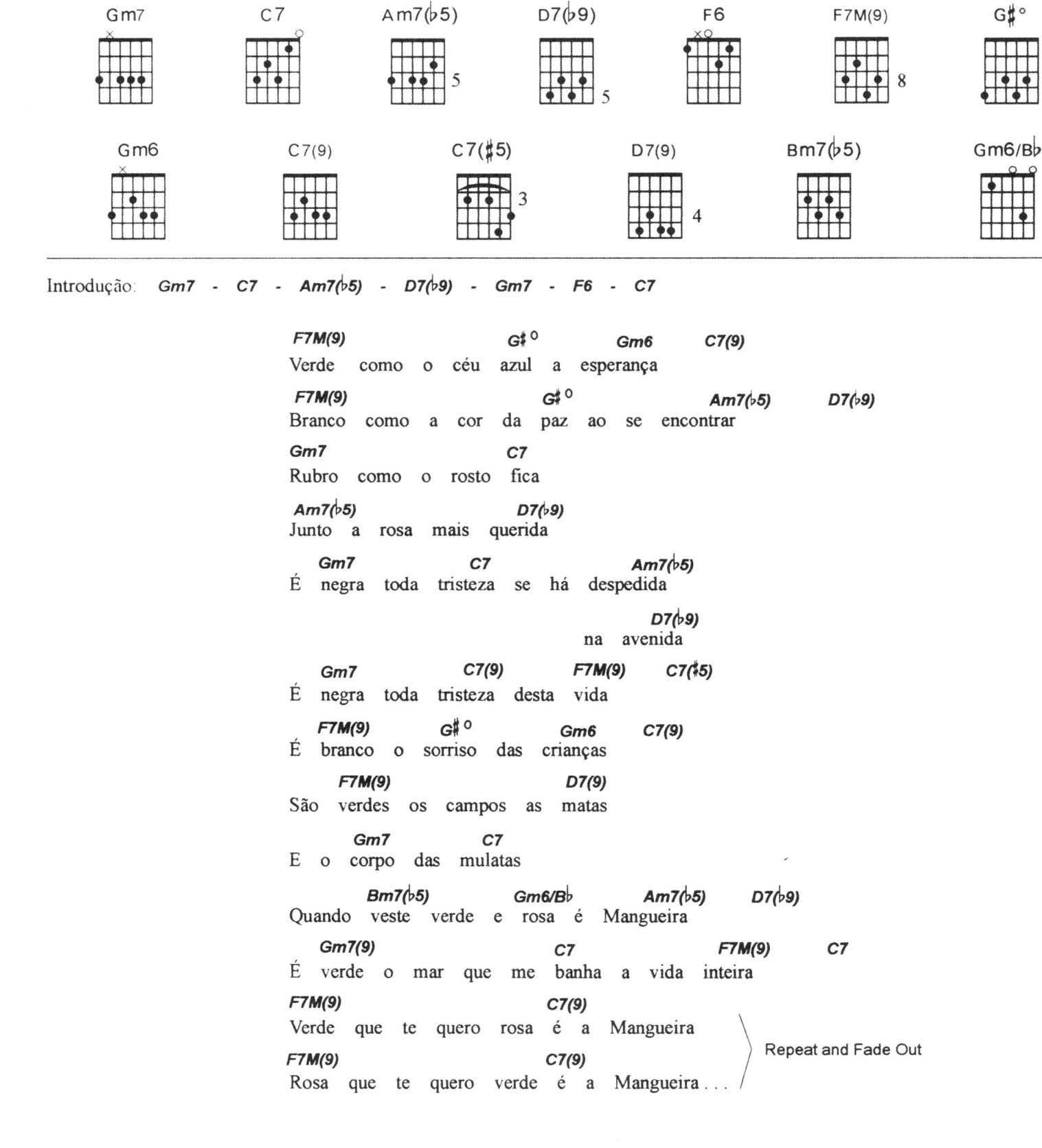

Introdução: **Gm7 - C7 - Am7(b5) - D7(b9) - Gm7 - F6 - C7**

F7M(9)   **G#°**   **Gm6**   **C7(9)**
Verde como o céu azul a esperança

F7M(9)   **G#°**   **Am7(b5)**   **D7(b9)**
Branco como a cor da paz ao se encontrar

Gm7   **C7**
Rubro como o rosto fica

Am7(b5)   **D7(b9)**
Junto a rosa mais querida

Gm7   **C7**   **Am7(b5)**
É negra toda tristeza se há despedida

                        D7(b9)
na avenida

Gm7   **C7(9)**   **F7M(9)**   **C7(#5)**
É negra toda tristeza desta vida

F7M(9)   **G#°**   **Gm6**   **C7(9)**
É branco o sorriso das crianças

F7M(9)   **D7(9)**
São verdes os campos as matas

Gm7   **C7**
E o corpo das mulatas

Bm7(b5)   **Gm6/Bb**   **Am7(b5)**   **D7(b9)**
Quando veste verde e rosa é Mangueira

Gm7(9)   **C7**   **F7M(9)**   **C7**
É verde o mar que me banha a vida inteira

F7M(9)   **C7(9)**
Verde que te quero rosa é a Mangueira

F7M(9)   **C7(9)**
Rosa que te quero verde é a Mangueira...

⟩ Repeat and Fade Out

Verde que te quero rosa

♩=72

Solo Trombone

| Gm7 | C7 | Am7(♭5) |
| D7(♭9) | Gm7 | C7 | F6 | C7 |

Voz

F7M(9) — G#° — Gm6 — C7(9)
Ver - de co — mo_o céu a - zul a es - pe - ran — ça

F7M(9) — G#° — Am7(♭5) — D7(♭9)
Bran - co co — mo_a cor da paz ao se_en - con - trar —

Gm7 — C7 — Am7(♭5)
Ru - bro co - mo_o ros - to fi - ca — Jun - to_a ro - sa mais que - ri —

D7(♭9) — Gm7 — C7 — Am7(♭5)
— da — É ne - gra to - da tris - te - za se — há des - pe - di - da — na_a - ve -

© Copyright 1977 by BMG MUSIC PUBLISHING BRASIL LTDA (100%).
Todos os direitos autorais reservados para todos os países.
ALL RIGHTS RESERVED. INTERNATIONAL COPYRIGHT SECURED.

ni-da___ É ne-gra to-da a tris-te-za des-ta vi___da

É bran-co o sor-ri___so das cri-an___ças___

São ver-des os cam-pos as ma___tas___ E o cor___po das mu-la___

___tas Quan-do ves-te ver-de e ro-sa é Man-guei___ra___

___ É ver___de o mar que me ba-nha___ a vi-da in-tei___ra___

Ao 𝄋 e 𝄌

Ver-de que te que-ro ro-sa É a Man-guei-ra Ro-sa que te que-ro ver-de É a Man-guei-ra

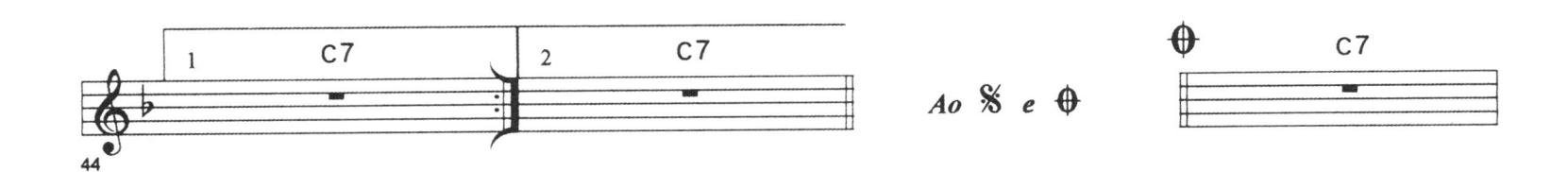

Repeat and Fade Out

75